播音学概论

姚喜双 著

中国传媒大学出版社
·北京·

目 录

序 ……………………………………………… 张颂 (1)
绪论 …………………………………………………… (1)
  一、意义 …………………………………………… (1)
  二、对象 …………………………………………… (3)
  三、内容 …………………………………………… (6)
  四、方法 …………………………………………… (6)

第一编 本质论

第一章 播音的性质和特征 …………………………… (11)
  第一节 播音工作的性质 ……………………………… (11)
  第二节 播音创作的特征 ……………………………… (16)
第二章 播音的地位和作用 …………………………… (24)
  第一节 播音工作的地位 ……………………………… (24)
  第二节 播音环节的作用 ……………………………… (25)

第二编 创作论

第三章 播音创作的要素 ……………………………… (33)
  第一节 创作主体（播音员、节目主持人）………… (33)
  第二节 创作依据（节目、稿件、画面、音乐、
           音响）………………………………………… (42)
  第三节 受众（听众、观众）………………………… (47)
第四章 播音创作的手段 ……………………………… (53)

第一节　有声语言 …………………………………………（53）
　　第二节　副语言 ……………………………………………（73）
第五章　播音创作的方法和原则 ……………………………（78）
　　第一节　播音创作的方法 …………………………………（78）
　　第二节　播音创作的原则 …………………………………（80）
第六章　播音创作的分类 ……………………………………（85）
　　第一节　播音分类的意义和原则 …………………………（85）
　　第二节　播音创作的分类 …………………………………（87）
　　第三节　主要播音文体创作特征 …………………………（89）

第三编　风格论

第七章　播音风格的含义和特征 ……………………………（123）
　　第一节　播音风格的含义 …………………………………（123）
　　第二节　播音风格的特征 …………………………………（126）
第八章　播音风格的体现 ……………………………………（136）
　　第一节　独特的感受 ………………………………………（136）
　　第二节　独特的表达 ………………………………………（139）
　　第三节　整体美 ……………………………………………（151）
第九章　播音风格的成因 ……………………………………（158）
　　第一节　客观原因 …………………………………………（158）
　　第二节　主观原因 …………………………………………（164）
　　第三节　创作实践 …………………………………………（166）
第十章　播音员的素质和修养 ………………………………（170）
　　第一节　播音员素养的构成 ………………………………（170）
　　第二节　增强政策观念，提高政治水平 …………………（172）
　　第三节　扩大知识结构，提高文化素质 …………………（176）
　　第四节　加强专业修养，提高业务能力 …………………（179）

第四编 发展论

第十一章 播音事业发展概说……………………………(185)
  第一节 延安陕北时期的播音……………………………(185)
  第二节 新中国成立后的播音……………………………(205)
第十二章 播音的继承借鉴与创新发展……………………(220)
  第一节 播音的继承与借鉴………………………………(220)
  第二节 播音的发展与创新………………………………(240)
  第三节 未来播音的展望…………………………………(244)
主要参考书目…………………………………………………(248)

后记……………………………………………………………(249)

序

姚喜双同志的《播音学概论》，共四编十二章，是他在多年讲授播音导论课的过程中不断总结研究的成果。

姚喜双同志的专著《播音风格探》和《中国播音学》中的《播音导论》部分，都是他很见功力的论作，可以说，本书又是这两项研究成果的扩展和深化，具有学科的开拓性、集成性特点。

《播音学概论》从理论上概括地阐释了播音学科的独立性。播音学作为一门独立的学科，有自身发生、发展的轨迹，有人们认识她的渐进过程。事物发生发展的规律，不以人们的主观意志为转移，但是，人们的认识又不是被动的，必须积极主动地去探讨、研究，才能使认识深化，以便更接近事物的发生发展规律。认识上初起的表层性和后来的偏差性，应该属于主观局限性的必然。这同尼采的"我是太阳"，同维特根斯坦的对"日常语言"的崇拜，完全是两回事。盲目的认识和主观的意志，是理论研究、特别是学科规律研究中的禁忌，它们会导致浅薄的满足和个人的膨胀，离"解放思想、实事求是"会越来越远。《播音学概论》坚持了辩证唯物主义和历史唯物主义，因而达到了科学的层面。

《播音学概论》把握了本学科应用理论的精义，并给予了美学理想的观照。人们有一种错觉，以为"应用"不过是操作，似乎与"理论"、"美学"没有什么关联。对播音，这种认识更是由来已久，至今还颇有市场。我国的"重文轻语"现象，表现得相当突出，就在广播电视界，也存在着"写一篇稿件"比"播一篇稿件"高明的看法，"重写轻播"的思想十分盛行。多年来，研究"写"的理论汗牛充栋，而研究"播"的理论实在太少。有些同志对研究"播"的文论极少关心，从不涉猎，却武断地下结论：照稿子念比写稿容易。在这种思想支配下，对"播"的理论都会嗤之以鼻，要是再谈其中的美学理想，就更觉得是痴人说梦了。《播音学概论》对此从正面进行了论述，把基础理论和美学紧密地联系在一起，有许多创见，表现了很强的理论功底和研究能力，使本书不但具有系统性而且在学术上达到了较高的水平。

《播音学概论》在宏观和微观的结合上，体现了学科的前沿性。播音学科的发展，是多侧面、多层次的，每年都有一批论著问世。由于她同许多相关学科都互相关联，又互相促进，所以充分了解相关学科的动态就显得重要而紧迫了。语言学及应用语言学、文学、艺术学、传播学、美学等，都在迅速发展、充实、深化。播音学的研究不能闭目塞听，不能孤陋寡闻，在广泛认知、多点透视的有效范围中撷英取华，才可能吸收有益的观点、材料，丰富本学科的内涵，促进本学科的成长。但是这种吸收，不是貌合神离的摘引，更不是失去主体的俯就。前沿性既是站在巨人肩膀上的提升，又是以完善本学科为目的的新的生长点的确立。在这一方面，《播音学概论》实现了继承与创新、厚积与薄发的融汇，值得一读。

广播电视的有声语言，是一种历史文化的积淀，是一种社会时代的展现，其社会功能、价值体系，存在着时空运行多样态势，需要大量的艰苦探索。下个世纪，应该是竞争的世纪、美学的世纪，人文景观的壮丽风貌五彩缤纷，我们不能止步，我们不会止步，播音学将以自己众多的新成果奉献给新的世纪。

《播音学概论》的出版，是播音学的一个新收获。说一点感想，既表示祝贺，也表达心愿，是为序。

张 颂
1998 年 5 月 13 日

绪　　论

一、意义

播音是一项创造性的活动。播音学是一门独立的学科。

播音，从广义上讲，是指电台、电视台等电子传媒所进行的一切有声语言和副语言传播信息的活动（包括各种声音、音响、音乐、语言、文字、图像等所进行的传播信息的活动）。如"中央人民广播电台，现在开始播音"，"今天全天的播音到这里结束"。

这里所要研究的播音，不是上面所讲的广义上的播音，而是指播音员和节目主持人运用有声语言和副语言，通过广播、电视传媒所进行的传播信息的创造性的活动。

播音是广播电视传播过程中的关键一环，是广播电视事业的一个重要组成部分。中国播音学概论的研究，是播音这门新兴学科发展的必需；是播音这一事物自身矛盾运动的必然。它对于播音半个世纪的历史和丰富现实经验的总结，对于播音这门既具有边缘性又具独立性的新兴学科发生、发展规律的揭示和运用，并使之理论化、系统化、规范化和科学化，对于丰富和深化中国播音学理论体系，对于播音创作实践的指导，对于播音队伍素质的培养，对于广播电视节目质量的提高，对于广播电视事业的发展，都具有重要意义。

人民广播半个多世纪的播音创作实践，以及对这些实践经验的总结和理论的探索，为中国播音学概论的研究和建立奠定了基础。从1940年12月30日人民广播第一次播音起，到今天百花争艳的播音创作，这期间，积累了丰富的播音创作实践经验，涌现出一批又一批优秀的播音员和节目主持人以及一大批优秀的播音作品。与此同时，从播音诞生那天起，播音经验的总结也就随之开始。随着播音创作实践的不断发展，播音理论研究的不断深入，播音，作为一门学科，其独立性也越来越充分显示出来，并得到了国家和社会的承认。一批播音学者、专家、教授，在长期的播音实践、教学实践和播音理论的研究中涌现；一批播音新秀脱颖而出、茁壮成长；一批学术著作应运而生、相继问世。这些都是中国播音学概论研究和建立的有利条件。

播音这门学科的独立性和边缘性，播音创作这一系统工程的独特性和复杂性，使得系统的播音理论研究工作成为必要，也是中国播音学研究和播音学概论建立的必然。

播音，涉及新闻学、广播电视传播学、语言学、心理学、社会学等，属边缘学科。只有很好地认识上述各有关学科的规律以及这些规律对播音的作用，才能对播音进行立体的透视，系统、完整、全面地揭示播音学发生发展的规律。同时，播音这门学科虽然受其他学科的制约，但又不能为某一学科所代替，有它自身的矛盾运动规律，有它自己的质的规定性，只有对其规律进行深入的探讨，才能有效地利用和把握这些规律。播音学概论将担负起上述重任。播音学概论的建立，播音创作规律的研究，也有助于扩大新闻学、广播电视传播学、语言学等学科的研究领域，深化其研究内容。

没有理论指导的实践，必定是盲目的。播音创作则更是如此。由于播音学科的边缘性、综合性，决定着播音创作也必然是一个复杂的系统工程。播音创作既要遵循广播电视传播的规律，又要遵循新闻学的规律、语言学的规律、心理学和美学的规律。只有用播音学理论指导，才能很好地认识和运用上述规律，把握好播音创作活动。尤其是当前广播电视改革的不断深入，播音创作实践的内容更加丰富，形式更加多样，如何适应新的形势，怎样在新的形势下把握创作规律，坚持正确的播音创作道路，这也迫切需要深入研究播音学理论，建立中国播音学概论，以作出理论上的回答。

总之，研究和建立中国播音学概论是历史的和现实的播音实践的要求，是播音这一事物自身矛盾运动发展的必然。同时，也是我国广播电视事业发展的必需。

二、对象

中国播音学，其研究内容和范围，是中国的播音，主要是人民广播的播音（这里广播是一个大概念，包括电视在内）。

中国播音学概论，是中国播音学的重要组成部分。它主要是研究人民广播播音发生发展一般规律的学科。具体来讲，它主要以播音创作为研究对象，是研究播音创作这一活动系统发生发展一般规律的科学。

研究播音创作的一般规律，是播音学概论同播音学科其他领域研究对象的主要区别。播音学概论不是在于个别具体技巧的描写，而是通过研究播音创作技巧，论述播音创作的基本规律和方法。

在这里，播音创作这个研究对象具有下面一些特点。

——播音创作是一个动态系统。以播音创作为研究对象，是把其看成一个活动系统。说明这对象不是孤立地指其中的某一个具体要素。它是囊括所有有关人和物参与的运动变化的系统。这里所要研究的人和物，都要纳入播音创作活动这个坐标中来，研究他（它）们在这个坐标系中的运行轨迹和相互关系。

——播音创作是一个开放系统。所谓以播音创作活动为对象，包含着这样的意思：一个播音员，没有投入播音创作活动，也许去吃饭了，也许去做买卖了，这不一定是播音学研究的范畴。如果这些活动同播音创作发生了关系，我们从播音创作活动这一视角去观察，他吃饭的动作可能和咬字规律有关系，他做买卖可能同职业道德有关，这便是研究对象。同时，一位播音爱好者，一个中学生，他们虽然不是播音员，但是来播音了，也投入到播音创作这一活动中了，也应是研究对象。把播音创作作为一个开放系统来研究，就要既研究播音创作系统内部各要素及其相互作用，又研究播音创作系统同外部的联系以及外部各系统对播音创作这一系统的影响。

——播音创作是一个弹性系统。所谓弹性，就是能张能缩，可大可小。播音创作系统这个研究对象正是具有这样的特点。它既从微观上体现着千丝万缕的联系，又从宏观上包容着千河百渠的汇集。从共时的角度看，它既包含着从微观上研究某个人、某一次的播音创作经验的总结，也包容着从宏观上研究某个电台、某个群体的播音创作规律的概括；它既可以研究中央台的播音创作，也可以研究地方台的播音创作；既可以研究广播的播音创作，也可以研究电视的播音创作，也可以研究主持人的播音创作。从历时的角度看，它既可以研究一个阶段、一个时期的播音，又可以研究不同时期的播音；既可以研究延安、陕北时期的播音，也可以研究改革开放新时期的播音，还可以展望未来播音的发展趋势。

——播音创作是一个全息的系统。播音创作既包括创作系统内部各要素及其相互关系，又包括各要素所承接的外部各种信息。这一对象，既包括创作活动自身，又包括前创作过程的创作准备活动和创作活动物化后的创作成果；既包括对创作主体、对象、依据、条件、载体的研究，又包括对创作内容、形式、方法、技巧、规律、原则、个性、风格、鉴赏、批评、继承、借鉴、创新等的研究。

播音创作活动，正是播音这一事物矛盾运动的体现。由于播音创作系统的运动性、开放性和全息性、综合性，使得处在不同时空（其中包括不同的传播媒介、不同的节目形式、不同的创作主体、不同的创作对象、不同的创作依据、不同的创作环境、不同的创作时期）的矛盾运动千变万化，呈现出不同的特征。尽管有千千万万个矛盾，但其中必定有一个是基本矛盾，有构成这一个矛盾的基本要素。基本要素包括3个方面：创作者（播音员、主持人等）、创作素材（稿件〈包括腹稿〉、音响、画面等）、受众（听众、观众）。对于创作者来说，创作素材和受众都是客体，他的任务，是充分发挥自己的主观能动性，把创作素材组织结构成适合于视听觉接收的播音作品，传达给受众。所以，播和受，就构成这一基本的矛盾运动，它在不同的创作时空中，有着不同的体现方式，但无论有多少形式，它又是最基本的。在这一基本矛盾中，其创作主体的创作方法、内容、形式、特点、风格、原则等便构成播音的内部规律，即创作活动系统内容要素及其相互关系；其创作活动与生活、政治、其他艺术等的关系，即创作活动系统与外部的联系，以及外部各系统的作用，便构成播音的外部规律。中国播音学概论正是要对这内、外部规律进行研究。

由于播音创作基本矛盾运动的特征，决定了播音创作自身的规定性，决定了播音学科的独立性。由于创作系统的开放性、综合性，涉及许多学科，也决定了播音学科的边缘性。这样使得播音创作同其他一些语言艺术活动有许多相通和相似之处。这些相通和相似之处，也需要进行研究。同时，还要将播音创作与其不同之处，从中剥离出来。如，话剧、电影、朗读、朗诵等，都是语言艺术。同话剧、电影相比，播音则更强调新闻的真实性；同朗读、朗诵相比，播音创作则更强调广播电视的时效性；同广播电视其他环节，如新闻编采等创作活动相比，播音则更显示出语言表达艺术的特征；这些也都说明了播音创作活动的特殊性，播音学科的独立性，以及确定播音研究对象的必要性。

三、内容

播音学概论研究的内容共分四编，即本质论、创作论、风格论、发展论。

第一编，本质论。力求揭示播音的性质和特征，论述其所具有的创造性、新闻性、艺术性以及反映出的创作特征。论述播音的地位、功能和作用。

第二编，创作论。论述播音创作基本要素及其相互关系，论述播音创作手段的特征，论述播音创作的基本方法，揭示播音创作的基本规律，阐述播音创作的原则，简述播音创作的分类。

第三编，风格论。论述播音风格的基本含义和特征，播音风格的构成要素，播音风格的形成原因以及人民广播播音风格的基本样式和特点。

第四编，发展论。简述人民广播的发展概况，展望播音发展的趋势。探讨播音工作继承与创新、借鉴与发展的辩证关系。

四、方法

由于播音创作活动的复杂性，由于播音学科的边缘性，使得中国播音学的研究不能不成为一个复杂的系统工程。要对其进行研究，掌握正确的研究方法就显得尤为重要。

研究方法的确定，应从两个方面考虑：一个是确定富于指导意义的基本的方法；一个是确定针对学科特点的具体的研究方法。

马克思主义的世界观和方法论，是一切科学研究的指导思想和科学方法，同样也应是中国播音学的指导思想和科学方法。坚持这一指导思想，在中国播音学的研究中，就要以辩证唯物主义和历史唯物主义观点为指导，坚持理论与实践的统一，共性与个性的统一,同时要坚持实事求是的科学态度,坚持百花齐放、百家争鸣的方针。

根据中国播音学学科特点,可以采用以下的研究方法。

(一) 系统的方法

恩格斯指出:"我们能达到的整个自然界,组成了某个系统,组成了物体的某种共同联系,并且我们在这里把物体一词理解为一切物质现实,从星星开始到原子为止。"播音创作也是一个复杂的系统工程。在对其进行研究时,不仅要考虑到第一个要素的特点,而且还要分析它们之间的相互作用、相互联系、相互影响。比如,当我们研究创作主体——播音员的语言表达方式时,就不能不考虑创作客体——听众或观众的收听收看习惯和规律;当我们研究电视解说词的表达规律时,就不能不考虑其画面内容和运动方式,等等。

(二) 全息的方法

由于播音这一创作系统的复杂性,我们在研究时,就必须对其进行立体的透视,把其系统内容要素的所有联系,看作一个开放的系统;对其同系统外的所有关系,以及系统外要素对系统内要素的作用,进行综合分析,才能奏效。比如,当我们研究播音情感的表达时,我们就不能不把播音创作作为一个开放的系统来考虑,看看播音与生活之间的关系。生活是播音创作的源泉,生活中情感的表达规律正是播音情感表达规律之本。从全息方法考虑,还应该看到,播音情感的表达,不仅是播音员"小我"这个情感,还应该体现党的宣传员这个"大我"所应有的情感,体现出政治水平和政策分寸感。从言语活动的角度来看,还应该体现出语言表达情感所应有的线性规律,时间和过程性规律。全息的研究,就应综合、全面、发展、运动地考虑播音创作活动和所含要素的内外部各种联系。

（三）比较的方法

由于播音学科的边缘性和创作活动的复杂性和多样性，许多规律只有通过对比才能认清，各种特征只有进行比较才能发现。这比较可以通过横向比较和纵向比较进行。

横向比较。这里包括同一时期不同的播音员、不同的播音创作、不同的播音作品的比较研究。

纵向比较。这里包括不同时期同一个播音员、同一类播音创作活动、同一类播音作品的比较研究。

（四）借鉴的方法

由于播音学科的边缘性和学科自身较为年轻的特点，对播音学的研究就需要借鉴相近学科的一些内容和方法。比如借鉴歌唱用气和戏曲咬字方面某些有用的东西，借鉴朗读、朗诵、话剧、电影在语言表达技巧方面某些有用的东西。也包括借鉴国外播音和主持节目方面一些可取之处。当然，这种借鉴应是取我所需，为我所用，而不是照搬照抄，生搬硬套。

（五）实验的方法

由于播音是一门实践性很强的学科，播音研究，必须通过大量地分析录音、录像作品来进行；声音的鉴定，必须通过有关仪器的测试来完成。这样，定性分析才有量化的基础，定量分析也才有一定的可能，理论联系实际才能得到真正的落实，播音学科的科学性才有一定的保证。

当然，方法应是多种多样的。播音学研究方法也远不止上述5条，这5条只是起码应该做到的。同时，上述5种方法的运用，也应结合实际，综合运用。

第一编　本质论

第一章 播音的性质和特征

第一节 播音工作的性质

由于播音学科的边缘性,播音创作的复杂性和多样性,所以对播音性质的认识不应是单一的、平面的,而应是全方位的、立体的。

播音,既具有自然属性(如声音的传播、形象建立的物理、生理属性,以及电子传播的特性等),又具有社会属性(如播音创作中的党性原则,民族、时代、阶级、社会等因素的限定);既具有新闻属性,又具有某些艺术的特征;既具有再造性,又具有创造性,等等。

这里从播音工作的创造性、多质性、新闻性等方面来论述。

一、播音的创造性

传统观点中有人以为创造是从无到有,其实并不尽然。因为从总体讲,大千世界、万事万物是不灭的。所以,也就无所谓从无到有,而只是一个转化过程。现代意义上的创造,就是看是否通过人的主观能动性的发挥,人的本质力量的显现,改变旧的符号系统,建立新的符号系统。如果通过人的主观能动性的发挥,改变了原有的符号系统,建立了新的符号系统,就是创造。这里,一方面强调,要有符号系统的改变,一方面强调要有人的参与,有主观能动性的发挥和作用,比如,日月星辰的运行,每时每刻都在改变原有的符号系统，但也不能认为是创造，因为没有人的参与。卫星上天是创造，它在天上运转的过程，是人化了的过程，是人的主观能动性发挥的结果，是人的本质力量的显现。是人的力量，改变原来材料的符号系统，并在此基础上建立起一套能够围绕地球运转的新的材料符号系统，所以我们说是创造。这些材料并不是从无到有的，而是转化过来的。上面是说自然科学方面的创造。社会科学，包括艺术方面的创造，也是通过人的主观能动性的发挥，改变旧的符号系统，建立新的符号系统。但社会科学，尤其是艺术，主要是通过情感的力量来改变旧的符号系统，建立新的符号系统。如，作为舞蹈艺术创作材料的人的肢体，日常生活中的运动，也是在改变着旧的符号系统，但这显然不能说是创造。而按照舞蹈艺术编排的意图，通过情感的力量，改变旧的肢体运动符号的系统，建立起了新的舞蹈艺术要求的符号系统，所以，我们说这是艺术创造。绘画、音乐等艺术创造都是如此，它们都是通过人的情感的力量改变旧的符号系统，建立新的符号系统。

播音这一事物是由播音员（节目主持人）、稿件（素材），听、观众之间的矛盾运动构成。其中，播音员（节目主持人）是播音创作的主体，稿件（素材）和听、观众是客体。从播音员（节目主持人）同稿件的关系看，播音员（节目主持人）通过主观能动性的发挥，通过感情的力量，建立起了一套新的符号系统。即把按文字排列传递信息的符号系统，转化为按有声语言和副语言（体态语）传递信息的符号系统。从播音员（节目主持人）同听、观众的关系看，播音员（节目主持人）播音时，坐在播音室里，面对的是话筒和摄像机的镜头，看不到广播电视的听众或观众。这本身对播音员（节目主持人）感情、语言的表达和交流都是一种限制。创造性正是在限制中显现出来。如果没有了限制，也就无需创造了。播音员（节目主持人）播音时，正是要通过主观能动性的发挥，去感受听、观众的存在，面前无人，心中有人。从而与听、观众在感情上、语言上沟通。所以，无论是从播音员（节目主持人）同稿件（素材）的关系看，还是从播音员（节目主持人）同听、观众的关系看，播音都是一项创造性的活动。这种创造活动，包括有稿播音和无稿播音两个方面。不能只认为无稿播音才有创造在里边。有稿播音也同样具有创造性。正如张颂所指出的："有稿播音，要'以稿件为依据'，要有一系列的创造思维的流动，去开掘和发现那里面的丰富内涵和情景意象，从中获得人文积淀、感情色彩、修辞效果和人生况味，然后，准确、鲜明、生动地形之于声，及于受众。"① "有稿播音，……是一种创作。这种创作不仅把文字语言转变为有声语言，而且把自己的理解、感受、个性结构系统、审美理想追求，融入有声语言。"② "播音员以稿件为依据，通过对稿件的分析，透过文字语言，发现并开掘文字背后、文字之外的意蕴和观念，把'理想的力量'复原为'理想的意图'，再以这'理想的意图'为引导，去揭示被加强和加重了的'理想的力量'，并通过深化和美化的有声语言，催动这'理想的力量'的进一步物化和人化，从而达到'锦上添花'的目的，使受众愿意接受。"③

二、播音的多质性

由于播音学科的边缘性、综合性和播音创作活动的复杂性，从创造活动中至少反映出这样几点属性：播音是一项特殊的言语活动，具有言语传播的性质；播音是一项新闻实践活动，具有新

---

① 张颂：《播音语言通论》第116—117页，北京广播学院出版社1994年3月出版。

② 张颂：《播音语言通论》第118页，北京广播学院出版社1994年3月出版。

③ 张颂：《播音语言通论》第119页，北京广播学院出版社1994年3月出版。

闻性；播音是一项艺术创作活动，具有某些艺术属性。

播音这一创作活动，至少直接集语言、新闻、艺术于一身，是一个复杂的系统工程。从语言学角度看，播音是一项特殊的言语活动。播音言语活动的过程是：心理——生理——物理——生理——心理。其中，第一个心理、生理活动，是发送信息的人，即播音员（节目主持人）发送信息的过程；第二个生理、心理活动，是接受信息的人，即听众或观众接收信息的过程；物理活动的过程，是声音在空间传播的过程（包括电子技术的运用）。上述所说的5个运动过程，实则瞬间完成。其中，生理和物理活动的过程，具有自然属性；心理活动的内容，具有社会属性。播音这一言语活动的特殊性在于：一般生活中的言语活动，交流对象在场，言语交流，即言语活动的过程，是一个完整和相对封闭的系统，信息发送者，即说话人可以及时获得交流对象的信息反馈，并根据这种反馈随时调整自己的交流状态。播音时，播音员（除现场主持节目外）一般是坐在播音间里的，面对话筒和镜头，听、观众不在场。播音员听不到、看不到听众和观众的反馈，无法和听、观众产生真正意义上的交流（只是单向地将信息传递给听、观众，没有办法互相交流）。播音员（节目主持人），只能凭自己的经验和感觉，去寻找"对象感"，在播音创作中尽可能做到与想象中的听、观众"交流"。所以，播音这一言语活动的过程，是一个相对不完整的、开放的系统。这种听、观众在交流时不在场所形成的言语活动交流过程的"残缺"性，正是播音言语活动的特殊性之一。播音言语活动的特殊性还在于：日常生活的言语活动，是言语者自己要说的；播音这一言语活动，必须依据稿件（素材），并且要把文字稿件（素材）转化为自己要说的话。播音言语活动的特殊性又在于：日常生活中的言语活动，言语者是代表自己讲话；播音这一言语活动，播音员（节目主持人）是代表电台、电视台以至于代表党和政府讲话。同时，播音这一言语活动，言语者还受到话筒、镜头等传播条件的限制，副语言不能充分运用，尤其是电台播音，只能靠声音，等等，这些都构成了播音言语活动的特殊性。所以说，播音是一项特殊的言语活动。从新闻学的角度看，播音又是一项新闻实践活动。播音是广播电视宣传的最后一环，播音员（节目主持人）是电台、电视台的"门面"，也是电台、电视台宣传过程中的一个工序，所以，播音创作也必须遵从新闻学的基本规律和原则。陆定一同志给新闻下的定义一直为新闻界沿用，即："新闻是新近发生的事实的报道。"① 这个定义中讲了3个要素，即一个是"新"，"新"是新闻的生命，它要求新闻报道要注重时效性；一个是"事实"，事实的准确无误，是新闻价值得以实现的保证，它要求新闻报道必须遵循真实性原则；一个是"报道"，"报道"使新闻价值的实现成为可能，新闻报道要遵照客观报道的原则。客观报道，不同于"客观主义"，所谓"客观主义"要"纯客观"，"不加进自己的感情态度"，实际上做不到，实则是一种主观随意性的东西。而客观报道，则要求按照客观实际，根据人民群众改造自然、改造社会的实践活动进行报道。它不仅要反映人民群众实践活动的事件本身这一客观方面，也要反映人民群众在这一个实践活动中的喜怒哀乐这一客观实际。所以，客观报道不是没有感情态度的，而是具有表态性的。这里的客观不是指无态度，而是指要从客观实际出发，防止主观随意性。播音既然是一项新闻实践活动，新闻定义的三要素，必然反映在播音创作中，播音创作也无时无刻不在体现这三要素。"新"、"时效性"体现在播音创作中，就是要有"新鲜感"和"时代感"；"事实"、"真实性原则"，体现在播音创作中就是要有"真实感"和"分寸感"；"客观报道"，体现在播音创作中，就是要有"表态性"。从艺术的角度看，播

---

① 康荫：《新闻广播电视研究》第48页，广播出版社1982年1月出版。

音又是一项艺术创造活动。前面已谈过播音创造的原因，其中已论述了按情感活动的规律，来重新建立播音创作的符号系统。播音创作的语言本身不等同于生活语言，它是一门语言艺术，播音创作过程，从感受到表达，从情感的引发到表现，都具有某些艺术属性。所以说，播音又是一项艺术创造活动。

三、播音性质的主调

对播音性质的立体透视和全方位认识，使我们看到了播音的多性质，即其性质中既包含自然属性，又包括社会属性；既包括新闻性，又具有言语传播和艺术的属性，等等。这众多属性，同时发挥作用，构成了播音的性质。同时，这众多属性又不是平均用力，作用均等，其中，新闻性在其中占据举足轻重的位置。新闻的真实性原则，使得播音创作中播音员情感的表达与演员表演中情感的表达，有了质的区别。新闻的时效性、报道的连续性、政策分寸的把握，使得播音言语表达技巧区别于朗读、朗诵、讲演等，播音言语活动具有了自身的规定性。所以说，新闻性是主调。播音是广播电视宣传的重要一环，是新闻工作的重要组成部分。当然，强调主调，并不是说其他的不重要，主调正是在与其他属性的和谐统一中才能起作用，所以说，播音员是新闻工作者，也是语言艺术工作者。

第二节 播音创作的特征

考察播音创作的特征，是从播音创作活动的特点，创作活动中各要素特点，从这一创作活动同其他艺术创作活动和其他新闻广播电视实践活动比较中得来的。

一、创造和再造的双重性

播音，既有再造，也有创造。所以，我们统称之为创造性。从广播电视节目制作到传送这个大系统看，播音是在采访、编辑这个创作活动后的又一次创造，所以可以称之为再创造。从播音员对腹稿和文字稿件符号系统的转换，生成符合听觉、视觉规律新的符号系统来说，又实属创造。播音创造和再造的形式和类别是丰富的、多种多样的，播音员承担的任务有时也是交替进行的。有时，既要承担一度创作任务，又要承担二度创作任务。播音既是对大的传播系统而言的再造，又是对播音语言表达系统结构本身而言的创造。正如著名话剧导演艺术家焦菊隐称演员表演创作那样：既是助产士，又是产妇本身。即演员的表演，对剧本来说是一次再造，对表演本身，又是一次创造。播音工作也正是如此。所以，播音员肩负着创造和再造的双重任务和职能。认识播音创造内涵的丰富性，认识播音创作活动系统的复杂性，可以克服对播音工作肤浅表面的认识，主动去探索和把握播音创作的规律，较好地完成播音这一具有创造性的工作。

二、创作素材的二度性

播音创作的素材有其鲜明特点。播音创作时，创作者（播音员、节目主持人）所用素材，包括文字稿件、资料、画面、音响等等，已经是编辑、记者、原作者（有时包括播音员、节目主持人自己，即他们去一线的采编）观念形态化以后的东西了，已经不完全是原始生活素材了，所以具有二度性。电台播音员看到的文字稿件，已是由编辑、记者对客观事物的抽象，电视播音员看到的画面，已是摄像记者和电视编辑对客观现实的提炼、剪接，这里都渗透了其主观意图。创作素材的二度性，一方面要求播音创作者要更多地深入一线，深入生活，增强感性认识，弥补未经一度创作的不足，在为受众还原一度的过程中，体现出真情实感，在创作中体现出原稿和原片的写作和拍摄风格、编辑风格；一方面也提示创作者，尽管直接参与了一度创作，也并不意味着就可以一劳永逸，二度创作，同样有其自身的创作规律，需要花力气去探索、去把握。可以说播音创作是"戴着镣铐舞蹈"。

三、创作手段的声像性

播音创作的手段是播音员运用的有声语言和副语言（体态语、形象）。有声语言和副语言都是按照时间序列运行的，一纵即逝，有其长处，也有其局限。这种传播手段，有其很强的个体性。即一人一声，一人一面，便于形成不同的播音特色和风格。播音创作手段的这一物质材料：声音和形象，既有自然属性，即生理、物理运动的一面；又有社会属性，即这一手段本身是一个社会化的过程。所以在运用过程中既要注意按自然属性一面，按听觉、视觉规律，按个体接收特点来传播信息，又要注重其社会属性一面。因为语言是思维的直接现实，是思想感情的表达手段，语言赖以存在的物质基础是人，人虽具有个体性的一面，但不会孤立地存在于世界上，人的本质正是社会关系的总和，所以在传播过程中又必须反映出其态度、思想和感情。播音创作虽具有音像的传播手段，但较之日常生活中言语交际活动，其手段还是显得局限和单一。日常生活中，人们言语活动传递信息的手段是多渠道的、立体的、丰富的。播音创作中，在电台播音的播音员，只能用声音这一唯一的手段；电视播音员，虽有一定的副语言帮忙，但也大多是半身图像，体态语也不能充分展示。这种手段的单一局限，又为播音创作提出了更高的要求，也使其特点更为明显。

四、交流对象的虚拟性

前面已经谈过，日常生活中，人们言语活动的交流对象在场，而播音时播音员、节目主持人面对话筒或电视摄像镜头，交流对象（听众、观众）一般不在场。为了与播音对象交流，播音员、节目主持人必须在自己的面前假设一些听众、观众，播音时同这些假设的听众、观众交流。与交流对象沟通交流，是一个复杂的过程。在播音间里报告新闻，主持话题节目，直接面对话筒、面对摄像机镜头，可以运用对象感等技巧不间断地专一地同想象中的对象交流。这对象，是播音员（节目主持人）想象中的、虚拟的广播听众和电视观众。有的节目，比如知识竞赛、文艺演播等，有许多观众在场，播音员、主持人直接与在场的听、观众交流。这为交流提供了有利条件。这里也应该看到，真正的听、观众，即收音机旁、电视机前的听、观众并不在场，播音员、节目主持人在与听、观众交流时，始终不应忘记与收音机旁、电视机前的听、观众交流，要不断地提示自己应体现出的对象感。

五、吐字发音的规范性

播音语言，要通过话筒，经过无线电波等电子传媒系统传送出去，要求其声音必须集中，字音准确清晰。只有这样，播音员的声音才能"入话筒"，才能在声音信号压缩或放大时不走样。电子传媒，覆盖面广，其传播具有广泛的社会性。无形中，播音员又是听众观众的语音老师。所以要求播音语言必须规范，其语言、语音、修辞等都必须严格遵守普通话所规定的标准。它比话剧、电影等表演艺术语言的规范性要求更高一些。播音员、节目主持人应该成为推广和运用普通话的典范。那种以为有方音一样播音，那种把带些方言味道的播音自封为是有特色有自己风格，那种有意模仿港台腔的播音，都是与规范性的要求相背离的，是应急切解决的问题。为保证播音语言的规范性，1994年10月，国家语委、国家教委、广播电影电视部联合作出《关于开展普通话水平测试工作的决定》，《决定》中指出："普通话……是以汉语传送的各级广播电台、电视台的规范语言，……是播音员、节目主持人等专业人员必备的素质。"《决定》要求："县级以上（含县级）广播电台和电视台的播音员、节目主持人应达到一级水平（此要求列入广播电影电视部部颁岗位规范，逐步实行持普通话等级合格证书上岗）。……对播音员、节目主持人等岗位人员，从1995年起逐步实行持普通话等级证书上岗制度。"与此同时，国家语委也颁布实施《普通话水平测试大纲》。《大纲》将普通话水平分为三级六等。

六、感情表达的真实性

情感是播音创作的核心，是有声语言表达的支柱。由播音工作的新闻属性所决定，其感情表达必须遵循新闻真实性原则。播音创作者必须准确地把握自己的身份，即党的宣传员，新闻工作者。播音时在情感表达上，要求做到真实，把握好分寸，切忌艺术的渲染和夸张，要呈现出恰切、质朴的特点。在文艺性稿件的播音中（除小说讲播和电影配音外），包括：歌曲介绍，电影、戏剧、音乐、舞剧等的解说，文学作品赏析等的播音，播音员可以在稿件的基础上，借助某种艺术想象的手法来调动感情，但在语言表达样式上却不宜采用角色化、性格化的语言，而多用转述、介绍、解说、描写等语言样式。

七、创作时间的紧张性

由新闻传播的时效性、广播电视等现代化电子传媒的迅速性所决定，播音创作的时间是紧张的。播音员不可能像话剧演员、电影演员那样，对原作有一个反复准备的过程。播音创作者在播音时，尤其是新闻报道、现场直播、实况转播等，有时连看上一遍稿子的时间都没有。有时还要即兴评述。随着信息化社会人类整个生活节奏的迅速加快，时效性要求也越来越高，所以，播音创作时间的紧张性也越来越明显。这就要求播音创作者必须增强广义备稿能力，提高即兴表达能力、应变能力和把握全局能力，加强日常基本功训练，包括思想、文化、业务等方面素质的提高，以胜任播音创作活动。

八、创作范围的社会性

由于广播电子传媒在信息传播过程中，具有广泛性、公开性特点，使得播音创作具有很强的社会性。尽管播音员面对话筒、镜头播音，多数时间所处的天地是小小的播音室，但由于广播电视这一传媒特征所决定，其具有广阔的空间，它以全球为舞台，以全社会的人们为受众。这一创作活动，比任何一场话剧戏曲表演或电影演出所具有的受众不知要多多少倍，"而受众又是多层次、多情状的，以个别体现着一般，以个性蕴含着共性。因此，在播音过程中，'这一个'和'此一瞬'紧密结合，汇入传播总渠道，渗透到各个地方。"① 所以，"这个时代，这个社会，客观世界形势以及当今受众的收听收看心态，应该成为须臾不可漠视的现实。"② 这就要求播音创作者具有较强的驾驭全局能力、较高的政策水平，要求播音作品有较高的质量，能够经得住各个方面、不同层次受众的推敲。比如，一个讲话或谈话，在一个地区或部门讲，可能是合适的，但作为一个广播稿或制作成电视节

---

① 闫玉主编《中国广播电视学》第532页，中国广播电视出版社1990年9月出版。
② 同①。

目,在电台电视台向全社会播出,就要考虑到其导向性和时宜性。尤其是现代电子传媒,许多台都已运用卫星传输,跨国传播,所以还要考虑对外传播的宣传效果等等。这些都要求播音创作者,有声语言传播者,即便是一个省、一个市、一个县的播音员或节目主持人,也要有政策观念、全局观念、国家意识、国际意识。

九、接收方式的个体性

广播电视传播直入家庭。其接收方式以家庭和个体为单位。所以,尽管语言传播者的声音传遍千家万户,以亿万人为受众,但传播者实际上还是与一个家庭、一个或几个人交流。因此,尽管播音语言传播者拥有广大的空间,巨大的舞台,亿万的受众,但在话筒和镜头前,仍不要忘记广播电视直入家庭这一传播特点,在用声和交流上,不应像话剧演员在舞台上一样,而应根据自身的传播特点,定好自己的交流方式和用声量大小,要能够深入家庭,深入一个个受众心中。

十、创作活动的日常性

在所有的艺术创作活动中,可以说播音创作活动发生的频率最高,它是经常的每日每时都在进行着的。这种日常性,也就决定着播音创作的连续性和紧张性。这就要求播音员,既要具备敏捷快速的创作反应能力,又要具有持之以恒的毅力、耐力。这种日常性所导致的播音创作的连续性,就决定了播音创作主体形象的完成,不是一时的事,听、观众对主体形象的评价,只能是一个动态发展变化的过程:你今天创作得好,明天退步了,听、观众也不会认为你好。相反,尽管暂时形象效果不太理想,但是只要努力,形象会逐步好起来,听、观众也是会承认你的。这说明,播音创作的日常性就决定着你形象的建立是没有止境的,它贯穿于你创作生命的全过程。所以应有持之以恒的毅力,"每次都应从零做起"。①

十一、强烈鲜明的时代性

由于广播电视传媒的时效性、迅速性,由于播音创作活动的紧张性、日常性、社会性,使得播音创作活动具有鲜明的时代特性。如果说新闻是时代的产儿,播音就是时代的艺术。播音创作者必须牢牢把握时代的脉搏,掌握时代节奏,才能创作出为人们所接受和喜闻乐见的优秀作品。"落在时代之后或远离时代之外,不论语言多么色彩斑斓,也只能是落伍者的哀叹,成为时代主旋律的不谐和音。"②

以上简述了播音创作的一些特征。这些特征有些是播音创作独有的,有些是其他创作活动交叉共有的。

---

① 齐越语。
② 张颂:《播音语言通论》第132页,北京广播学院出版社1994年3月出版。

第二章　播音的地位和作用

第一节　播音工作的地位

播音，是广播电视传播系统中的重要组成部分，是广播电视传媒的关键一环。"播音在广播电视节目中的地位，可以简括为'传播前沿'、'中介工序'、'联系纽带'。"[①]

一、传播前沿地位

广播电视节目在经过前期的采编后，要通过播音环节最后传播出去，前边的所有准备工作，都要输送到这个前沿阵地以实现其最终传播的目的，完成信息传递的任务。"广播是给人听的，而不是给人看的，播音工作在广播中占有十分重要的地位。广播的特点是通过电声系统传播声音和有声语言进行宣传。广播编辑部的大多数文字稿件需要通过播音员的再创造，在话筒前直接播出或者录音播出，和听众见面。因此，播音工作是整个广播宣传中的重要组成部分，是广播工作的最后一个环节，是语言广播的集中体现。"[②] 传播前沿的地位，要求播音员和节目主持人把握

[①] 闫玉主编《中国广播电视学》第529页，中国广播电视出版社1990年9月出版。

[②] 夏青、林如、铁城、冯云：《中央人民广播电台台史资料汇编·播音工作》第612页。（内部资料）

好传播规律，提高有声语言和副语言传播的功力和水平，在受众中建立良好形象，无愧电台、电视台"门面"的称号。

二、关键一环地位

播音既是传播前沿，又是广播电视传播的关键一环。广播电视传播中，所有的创作活动，都要播音这关键一环体现出来，可以说，播音，凝聚了所有创作活动的成果。从某种意义上讲，没有播音，就没有广播电视。受众对广播电视节目质量高低优劣的评价，大多是从播音这里看的。所以，要求播音员、节目主持人，在把握好语言基本功的同时，还必须要有全局意识，要有较高的政治、政策、文化素养，有一定的采访、编辑、制作节目的能力，同时，通过语言和副语言表达，将其充分体现出来。

三、桥梁纽带地位

我国的广播电视传媒，是党和政府联系人民群众的桥梁和纽带。播音正是这桥梁和纽带的凝结点，是桥梁纽带的形象的体现。播音时，播音员、节目主持人以电台、电视台代言人身份直接与观众见面，构成了一个传输与反馈的双向交流的渠道。播音员、节目主持人正是这双向交流的信息员、交通员。这就要求播音员、节目主持人应有强烈的政治责任感，上传下达，完成好宣传党的方针政策、反映人民群众呼声的任务。要求播音员、节目主持人注意并认真处理多方面、多形式的受众反馈。

第二节 播音环节的作用

随着广播电视事业的迅速发展，电子传媒手段的充分运用，播音创作的天地更为广阔，播音地位日益提高，播音的作用也就越来越大了。在广播电视传播过程中，播音至少具有以下作用。

即：构建语言（副语言）传播系统，使传播潜能变为传播现实，具有传播形成作用；传递信息，体现态度，揭示语义思想内涵，具有了解、认识社会作用；传达感情，形象生动，感染受众，具有鼓舞教育作用；规范美化语言，建设语言文明，具有语言表达的审美示范作用。

（一）构建语言（副语言）传播系统，使传播潜能变为传播现实，具有传播形成作用。在广播电视传播中，播音一环是关键一环，具有创造性。通过播音创作活动，将前期所有的传播符号系统，如文字、音响、画面等素材，都纳入播音创作中，变为播音传播系统中的一个素材，播音创作者，按照语言传播规律将其重新结构、组装，汇入有声语言（副语言）传播渠道，使其传播潜能，变为传播现实。所以说，播音具有传播形成作用。

（二）传递信息，体现态度，揭示语义内涵，表明思想实质，具有了解和认识社会作用。当播音创作者构建了语言传播系统、形成传播后，播音便发挥着传递信息的功能。播音创作者在传递信息的过程中，把文字符号变为有声语言和副语言符号，这一传播符号不像文字符号那么抽象，它具有很强的直观性和表态性，这一符号时时刻刻都在体现着传播者的态度。所以，播音创作者在传播过程中，必须通过有声语言和副语言表明其态度观点，不能含糊。同时运用播音合作的强化和弱化功能，分出主次，体现信息重点，直接、准确、鲜明地揭示语义实质和思想内涵，具有引导和帮助受众了解、认识社会的作用。

（三）传达感情，形象具体生动，吸引感染受众，具有鼓舞、教育、激励作用。播音创作不光是为了传达概念信息，更要传达情感信息。播音创作的核心就是要以情感人。播音创作者将静止抽象的文字符号，转化生成为具体可感、形象生动的情感信息，通过播音创作者饱含情感的有声语言和副语言传达给受众，使受众在接受信息的同时，受到鼓舞、教育和激励，把良好的主张，

变为千百万人的自觉的行动。纵观人民广播的发展历程,有许多生动感人的实例:

1940年冬天,人民广播初创时期,播音员麦风(徐瑞璋)、姚雯、肖岩充满战斗激情的声音第一次响彻在神州上空时,给国统区人民以极大鼓舞,其播音被誉为"茫茫黑夜的灯塔"。

1946年初夏,国民党空军上尉刘本善经常收听延安新华广播电台播音员饱含真情、传达真理和正义情感的播音,受到感召,毅然驾机飞往延安。他在回忆录中赞扬延安新华广播电台的播音是:"使茫茫大海中的人们,在暗夜时看见了远方的灯塔,产生了希望,认清了方向,增强了奋斗的力量。"

1950年夏天,一位在上海做过多年地下工作的同志专程到北京看望在延安陕北台工作过的播音员。见面后,她紧握老播音员的手,热泪盈眶,激动地说:《目前形势和我们的任务》播出时,我在上海的一间地下室里一字不漏地全文抄下来,交给地下党组织印发出去。感谢你们,是你们把毛主席的报告、党中央的声音传播给我们,你们辛苦了!

抗美援朝期间,志愿军休养员陈叙强给中央人民广播电台播音员潘捷、夏青的信中说:我们出国后,经过和凶恶的敌人几个战役的搏斗并取得胜利后,才有可能安定下来,才有条件收听祖国广播。当重又听到"中央人民广播电台……"熟悉的声音时,就像见到了久别的母亲,声音是那么坚定、热情,充满信心和希望。你们辛勤的劳动,鼓舞和教育了大步前进的人民,特别是给我们带来了无限的亲切和温暖。

60年代,齐越播出的长篇通讯《县委书记的榜样焦裕禄》;80年代,林如播出的通讯《假如党员都像她》;90年代,方明播出的特写《在大海中永生》……,这些优秀的播音创作,感情真挚,形象生动,感染和鼓舞了一批又一批受众。

正如有些听众在给中央人民广播电台的信中所说:"你们的

播音,坚强有力,感人至深,确实表达了中国人民的心声。有许多文章我听好几遍,每听一次都有进一步的体会和提高。"① "优秀的播音员,吐字清晰,声调自然,语言朴实,真切感人。他播送的文章往往能把听众引入文章的字里行间,使听众如临其境,如闻其声,耐人寻味,感人肺腑。"② "有的播音员带着深厚真挚的无产阶级感情和一丝不苟的态度进行工作,把自己的感情完全融化到文章里去了,播得有声有色,活灵活现,栩栩如生,使人如临其境,似见其人。你们可曾知道有多少人被感动得流下滚滚热泪,……不知不觉地受到了教益。"③

原中央广播事业局局长梅益同志在给中央人民广播电台播音部的信中说:播音工作的重要作用,我想是不用多说的。当全国千千万万的人经常地而且细心地倾听着一个人的声音,并且从这个声音里受到教育,得到鼓舞的时候,你说这个工作不重要?这个岗位不光荣?

邓小平同志也曾说过:不管多么潦乱的文章,一旦排成铅字就顺眼多了,再由播音员一念,又增色许多。

以上这些,都是对播音鼓舞、教育、激励作用的肯定。

(四)规范美化语言,建设语言文明,具有语言表达的审美示范作用。播音还起着语言规范作用,在推广普通话中具有典型示范作用。同时,体现着较深的语言功力、较强的语言能力、较高的语言魅力的优秀的语言表达,能够体现出汉语普通话在传播中的美,具有审美示范作用。"寓庄于谐,寓教于乐,赏心悦目,同声相应,在轻松欢乐中体味语言的妙趣横生、色彩纷呈。"④

---

① 《中央人民广播电台台史资料汇编》第618页。(内部资料)
② 《中央人民广播电台台史资料汇编》第619页。(内部资料)
③ 《中央人民广播电台台史资料汇编》第619页。(内部资料)
④ 张颂:《播音语言通论》第15页,北京广播学院出版社1994年3月出版。

湖北鄂城的一位听众在给中央人民广播电台的信中也说明了这一点:"收听广播,对播音员语言的品味,对朗诵文章的和谐声调的揣摩,实是一种艺术享受。中国语的普通话,是一种很美的语言音调,准确而洪亮的发音,能使人(感到)动听,入耳不烦。我们常常按照自己喜欢的音质来收听电台的节目。一个语言有造诣的播音员,是占有着听众的。无疑,中央人民广播电台荟萃着语言家,有的已为广大听众所熟悉。好的播音员那种准确、自然、优美的语言,那种富有气韵和节奏感的朗诵,是受听众欣赏和学习的。"[①]

随着播音创作内涵的不断丰富,人们认识的不断深化,播音对于社会的政治生活、经济发展、科技进步、文化积淀等方面直接或间接的作用也将越来越显著。

---

① 《中央人民广播电台台史资料汇编》第619页。(内部资料)

第二编　创作论

第三章 播音创作的要素

播音创作活动，由多种因素组成。其中，创作主体（播音员、节目主持人）、创作依据（节目、稿件、画面、音乐、音响等）、受众（听众、观众）是构成播音创作活动的三个基本要素。认识这三个要素的涵义特征和它们之间的相互关系，是研究播音创作的基础和前提。

第一节 创作主体
（播音员、节目主持人）

一、创作主体的概念特征

创作主体，是指播音创作活动中的主体。播音是运用有声语言和副语言通过广播电视传媒所进行的一项创作活动，创作主体也就是指播音创作者。

创作主体目前由播音员和节目主持人担任。无论是播音员还是节目主持人，在这里，都是播音创作者。

由于概念具有相对性和发展性，所以我们把播音员和主持人都放在播音创作活动中来考察其含义和特征。

先看下列关于播音员和节目主持人的概念。

"播音员概念的内涵：以在话筒前（含镜头前）进行有声语言创作为主要工作的专业人员。播音工作的内涵：以在话筒前

(含镜头前）进行有声语言创作为主要任务的职业。"① "播音员作为话筒前（含镜头前）有声语言创作的主体，作为广播电视'出头露面'的专业人员，要解决创作主体和创作依据的特殊矛盾，不同的表达方式和语言风格是其自身的差异性，遵循共同的创作规律是其同一性，这差异性和同一性的对立统一成为播音员这一概念的辩证本质。"②

"节目主持人是在广播电视中，以个体行为出现，代表着群体观念，用有声语言、形态来操作和把握节目进程，直接、平等地进行大众传播活动的人。"③

"广播电视主持人节目是众多节目中的一种形式。这一节目形式中，主持节目的人就是节目主持人。节目主持人是节目（或栏目）的出声、出面的组织、驾驭者，以有声语言为主干或主线。要以真实的、比较稳定的身份为听众或观众服务。主持人可以参与节目的采访、编导、制作，但必须成为节目本身的重要构成因素，使节目的整体和谐统一，不能游离于节目之外。节目主持人应具有较深的文化素养、较强的语言动力、较快的思维反应、较好的气质风度，以便恰切得体、应付裕如地驾驭节目的进程，适应节目性质和特色的需要。"④

"在中国，在现阶段，'主持人'在广播电视中的含义是：以有声语言驾驭节目进程。'节目主持人'是以有声语言为主干或主线'出头露面'驾驭节目进程的人。这里需要说明的是，必须

---

① 张颂：《播音语言通论》第58、60、61页，北京广播学院出版社1994年3月出版。

② 张颂：《播音语言通论》第58、60、61页，北京广播学院出版社1994年3月出版。

③ 俞虹：《节目主持人通论》第5页，杭州大学出版社出版。

④ 赵玉明、王福顺主编《中外广播电视百科全书》第143页，中国广播电视出版社出版。

在节目之中；必须'出头露面'；必须驾驭节目进程；必须以有声语言为主干或主线。"①

如果把播音员和节目主持人放在播音创作活动中考察，我们就会发现上述概念的共同点，即，必须运用有声语言（副语言），必须以有声语言为主干或主线。对节目、稿件的把握最终必须通过语言体现。离开了语言，创作主体的一切都难以最终反映出来。

同时，创作主体的身份，无论是播音员还是节目主持人，都应该是党的宣传员，是新闻工作者。创作主体可以有自己的个性特点，但必须把自己的"小我"和"党的宣传员"大我的身份有机地统一起来。虽然以个人的面目出现，但无论什么创作形式，其实质，都是大家劳动的成果，集体智慧的结晶，都是体现着电台、电视台的观点、态度。

由于创作主体的身份是新闻工作者，所以创作主体在运用有声语言（副语言）表达的时候，既要按照语言（副语言）自身的表达规律，又要遵守新闻真实性、时效性原则，体现新闻工作的规律。

创作主体无论有多少工作，都必须放在播音创作活动中来透视，来考察，这样才能有共同点。要从播音创作活动中来分析和研究。这样，无论是谁，无论是播音员还是节目主持人，无论是播音主持艺术专业的教师还是学生，只要他是在电台、电视台播音，只要进入播音创作活动，只要他是播音创作活动的创作者，他就要服从创作活动对创作主体的要求，就要遵循创作主体在播音创作活动中运行的规律。

---

① 张颂：《播音语言通论》第92、93、95、96页，北京广播学院出版社1994年3月出版。

二、创作主体的作用职能

考察播音创作主体的作用和职能,必须将其放在播音创作矛盾运动中进行。主要是看其对播音创作矛盾运动的内部规律和外部规律把握和驾驭时所起的作用、承担的职责和具有的功能。

在播音创作活动中,播音创作者是矛盾的主要方面,他(她)的主观能动性发挥得如何,直接影响到播音作品的质量,关系到播音创作活动的成败。

播音创作活动,是一项创造性的活动。创作主体承担创造的重任,并在创造的过程中发挥作用,在创造的过程中体现职能。

在创作活动中,创作主体要正确地把握自己的身份,既有党的宣传员、新闻工作者的总的身份,又有在每一次创作活动中具体的身份,并将二者有机地统一起来。这种身份不光是理念上明白,而且还要体现在语言的态度感情表达中,创作主体必须时时意识到、感悟到,这就是经常说的播音创作者在创作活动中要有身份感。正确的身份感,对语言的组织、语气的把握,态度感情的准确体现都具有重要作用。

在创作活动中,创作主体要展开积极的创作思维活动。创作主体的创作思维活动要贯穿于组织、策划、还原、转化、表达、反馈的全过程。创作主体要运用形象思维、逻辑思维、灵感思维、创造思维等多种思维形式,使其处于积极的运动状态。

在创作活动中,创作主体要全面掌握语言和副语言的表达规律,要善于运用各种语言表达技巧,要能熟练地把握各种语言表达样式。

语言、副语言表达的动力、核心是感情。创作主体应能在创作活动中,积极地引发调动感情,准确体现表达感情。

在创作活动中,创作主体创造性的发挥,还体现在他对创作依据(创作素材、节目、稿件、画面、音乐、音响等)的积极能动的组织、结构、传达上。比如对文字稿件的作用。创作主体要对其进行再创造，把按文字符号表达系统转化为按有声语言符号系统的表达规律进行表达。创作主体要树立自觉传达意识，对稿件进行深入理解、具体感受、把稿件文字变为自己要说的话，传达给受众。具体准备稿可分为六步：（一）划分层次。按稿件内容、按有声语言传达规律、按受众心理，将文字稿件的结构重新组织、安排。可以进行归并和划分。归并是把相同相近自然段归并在一个部分。划分是把一个较大的自然段内容划分为若干小层次，以便清楚地表达。（二）提炼主题。把稿件的中心思想用较为精炼的语言概括出来。主题概括是共性与个性的统一。既要说出稿件的特点，又要揭示事物的本质。（三）联系背景。任何稿件及稿件所反映的事物都不是孤立地存在的，其发生发展都有一定的原因，都是在一定的背景下产生的。这里，创作主体要联系的背景，是指播出背景。有时播出背景同稿件写作背景是同步的，主要是新闻性稿件。有些是过去写的稿件，现在根据形势的需要播出。这就有一个"时间差"，这种情况应按播出背景。播出背景在分析时，可分为"上情"、"下情"。"上情"是当前党和国家的有关方针政策精神；"下情"是看人民群众在这方面的实践活动。"下情"又可分为"主流"和"支流"。"主流"就是好的一面；"支流"就是存在的问题。创作主体在分析背景时，既要看到主流（成绩），又要看到支流（问题）。看不到主流，就会一叶障目，影响宣传的坚定性；看不到支流，就会盲目乐观，影响宣传的针对性。（四）明确目的。播出目的是由背景生发而来，"目的"，就是要解决"背景"中存在的问题。目的是统帅。（五）分清主次。要把播出目的落实到稿件中去，就要靠分清稿件主次来很好地具体体现播出目的。主要部分可能集中在一个段落或层次上，也可能散见于全篇。创作主体要善于处理主次关系。既要重点突出主要部分和句子，又要让次要部分作好铺垫。（六）把握基调。基调是稿件和创作者总的感情色彩和分量。基调统一应有变化，但变化不能离开统一。"统一"是主旋律；"变化"是主旋律上的变奏。创作者在创作活动中结构、运用其他素材如画面、音乐、音响时，也应注意了解和掌握它们的功能在创作活动中的位置和表现手段，综合协调，力争和谐统一。

在创作活动中，创作主体要树立"受众"意识，要学会运用"对象感"这一内部表达技巧，加强与受众的交流。有的创作活动，播音员在播音间里，面前只有话筒或镜头，这样，创作主体就要"面前无人"，"心中有人"，积极主动地与设想的对象交流。有的创作活动，创作主体面前有观众，比如访谈、竞赛、晚会等节目，创作主体就要既和现场观众交流，又要注意同电视机前的观众交流。创作主体要处理好与现场观众交流和与电视机前观众交流的关系。使其各项交流相互协调、转换自然、感情真挚、有机统一。

播音创作主体构建了语言和副语言传播系统，使传播潜能变为了传播现实，具有传播形成作用。

播音创作主体处于传播前沿地位，经常被人们称为电台、电视台的"门面"，具有典型代表作用。

播音创作主体传递信息，体现态度，揭示语义内涵，表明思想实质，具有帮助人们了解和认识社会的作用。

播音创作主体传达情感，形象具体生动，吸引感染受众，具有鼓舞、教育、激励作用。

播音创作主体规范美化语言，建设语言文明，具有语言表达的审美示范作用。

创作主体要发挥好上述作用，担负起上述职能，就必须强化自身，准确定位。

三、创作主体的分类与定位

创作主体的分类可参见播音创作的分类（本书第六章第三节详细论述），按多视角、多分法；边划分，边综合等原则进行分类。从传播媒介上可以划分为广播播音活动创作者，电视播音活动创作者；从创作活动类型上可以分为新闻类播音活动创作者，专题类播音活动创作者，综艺类播音活动创作者，少儿类播音活动创作者，竞技体育播音活动创作者，等等。

创作者定位问题，是许多创作者和受众都十分关心的问题。正确认识定位，准确把握定位，能充分发挥创作者的才能特点，准确地体现节目特色，提高创作活动的质量、节目和栏目的水平。

定位有多种内含。或是指创作者在整个传播过程中所处的位置；或是说创作者在节目或栏目里应有的身份；或是讲创作者如何处理与传播集体的关系；或是论创作者怎样与其伙伴合作，等等。而更多的人关心的是自己定位在什么样的创作活动中、什么样的节目类型上合适。

这里有一个什么是定位、定什么位和怎样定位的问题。

概括地讲，定位是指创作主体根据自己的身份、所承担的任务、起的作用确定其在传播活动中应有的位置。

定什么位，则是创作者根据自身能力、特点，根据传播的要素、节目和栏目特色、创作群体的构成、伙伴合作关系，选择自己最适合的位置。

关于怎样定位，这里重点讲一讲创作者如何根据自身条件和节目的内容和形式、创作活动的特点选择最佳结合点。

1. 定位要对自身有一个正确估价。第一，要正确认识自己的能力、性格、审美追求，找到其适合的位置（节目、栏目、创作活动）。有的人从业务条件、性格气质、文化素质上看更适合于新闻话题类节目；有的人可能更适合于少儿节目或综艺类节目。第二，初学者可能一下子难以判断出其创作个性，但只要认真深入分析，就可以看到许多人的优势特点都处于萌芽状态，经过培养锻炼，其优势特点便会不断显现出来。有人初看上去，可能不适合某类节目，但并不是其本质的反映，只要其发挥主观能动性、主动创造、大胆实践，其特色和优势便会展现出来。这样，就可以较好地去把握、去定位了。

2. 定位要对节目、栏目、创作活动有一个正确分析。每个节目和栏目都有自己的特色，有对主持人的特殊要求。初看上去，一些栏目、节目、创作活动可能更适合于某类创作者。如，综艺类节目，可能更适合于性格开朗、外向的人，但仔细分析，可以发现，由于能够反映事物本质的现象应该是无穷无尽的，美的表现形态是无限丰富多样的，所以，深入进去也会发现，综艺类节目主持者的定位也不应只是一个模式。性格开朗和外向型的人可以主持，性格内在、充满激情、具有较高文艺素养的人也可以主持。不一定是一位一人，也可以是一位多人。多人都从不同的角度发现自己的位置。

3. 定位并不是孤立的、静止的，而应是发展的、变化的。如前所说，有人开始没找到自己的位置，但经过深入研究、反复实践，总能找到自己适合的节目、创作活动。或创作主体根据自己特点和现实需要，创办新的节目。目前已有了较好定位的创作者，也要根据客观条件和自身条件的不断发展变化，随时调整好自身的位置。

4. 定位是无限可分的，也是无时无刻不在运动、发展、调控的过程中。在一个节目中找到了一个较好的定位，并不等于就完成好了定位工作。还要通过调整变化，使其不断准确地体现出来。比如，我们在一个节目中找到了自己的定位，在直接表达和采访时又应有微小调整。直接表达，可以其定位。如采访先进人物时，应注意将自己定位于向先进人物学习、将先进人物推荐给广大受众的位置，注意谦逊热情，而不应像有的主持人那样，总以审视的目光、逼问的口气去采访，如果是那样，位置就搞错了。

5. 定位问题，无限多样，最根本的一条，还是要定位在党的宣传员、全心全意真诚为人民服务这一点上来。要努力将位置定到"小总理意识与服务员身份有机统一"① 这一点上来。无论何种类型播音创作者，都应从根本上定位于此。所谓"小总理意识"，就是要从全局和整体考虑，在创作活动中，时刻体现党的路线、方针、政策、宣传指导思想，尽量熟悉工农科教文卫等各方面情况，把握好宣传分寸。所谓"服务员身份"，就是尽管了解了全局，但毕竟是一个普通新闻广播电视工作者，要以和受众一起学习的态度做好党的宣传工作，做好传播工作。做好了这一点，也正是做到了"小我"和"大我"的有机统一。

除了上述几点，播音创作者还应经常保持谦虚谨慎的作风，注意处理好创作群体与个体的关系，摆正自己在创作群体中的位置。由于工作需要，自己出头露面了，但其形象的塑造，是群体劳动的结果、集体智慧的结晶。自己只不过是其中的一分子，注意处理好与创作伙伴的关系，尽管是自己可以一时处于较为主要的位置，但也要注意发挥伙伴的长处，积极配合，协调一致共同完成好播音创作业务。注意处理好和受众的关系，以平等的身份与其交流，为其服务，并积极争得受众反馈，根据反馈意见不断地调整，力争每次创作活动都给受众以满意的服务。

总之，定位问题，内含丰富，表现多样。要真正定好位，就要努力培养党的新闻工作者的素质；既从自己的个性专长方面考虑，又从节目的特色要求方面考虑；既发挥个人的创作能力，又

---

① 夏青语。

集中群体的智慧力量;既看到自己主持作用,更发挥伙伴的创作才能;既可以主动采访,又能够甘当配角;既向受众传播信息,又给受众以创作天地;既看到节目的形式特色,又挖掘宣传的深层含义;既看到定位的相对选择性,又看到定位的无限丰富性;既看到定位的相对稳定性,又看到定位的不断变化性,等等,从时空交错的全方位的角度不断地认识、把握、创造,才能不断地相对保持一个合适的定位。

第二节 创作依据
(节目、稿件、画面、音乐、音响)

一、创作依据的种类

创作依据也称创作素材,是播音创作活动的重要组成部分。

随着广播电视事业的不断发展、传播工具现代化程度的提高,创作素材的种类不断增多,质量不断提高。本节介绍目前常见的类型。

1.节目。"节目是广播电台、电视台播出内容的最终组织形式。它按时段划分,按线性传播的方式组织内容、依次播送。每个广播节目、电视节目都有明确的宗旨和方针,特定的名称、内容取向、表现风格,一定的时间长度和播出时间。电台和电视台是以节目为基本单位传播的,广播和电视的一切社会功能也是通过节目实现的。'办节目'是电台、电视台工作的基本出发点和落脚点。"[①] 节目是一个多层次的概念。可以指节目群体、也可以指一个节目或一次节目。节目有多角度的分类。按传媒工具可

---

① 赵玉明、王福顺主编《中外广播电视百科全书》第144页,中国广播电视出版社1995年1月出版。

分为广播节目、电视节目。按内容性质，可分为新闻性节目、教育性节目、文艺性节目和服务性节目。按内容构成和组合形式，可分为综合性节目或专题性节目。按播出方式，有直接节目和录播节目。按播出时间，有定期节目、特别节目、插播节目等等。节目是播音创作活动的重要依据。所有播音创作活动要在节目中进行。所以创作者应对节目的整体特色、办节目的方针、宗旨有较为深入的了解、较为准确的把握，才能使播音创作活动符合于整个节目的要求。

2. 稿件。稿件是播音创作依据中的基本元素。稿件最初是指写好的文字广播稿。随着广播电视事业的发展。稿件的类型不断增多，稿件的形式不断变化。稿件的分类也更加多样。按传媒工具分，有广播播音稿件，有电视播音稿。按内容分，有新闻类稿件、专题类稿件、文艺类稿件等等。按传播方式分，有的稿件单独播出，有的与其它传播素材共同配合播出，等等。从播音创作活动来看，创作主体，一方面要了解稿件的形式、样态、传播方式，更重要的是，无论何种类型，何种样态，都要吃透稿件内容，了解稿件的精神实质，通过创造性的劳动，把稿件的文字符号系统转化成有声语言（副语言）的表达系统，把稿件上的文字，变成自己要说的话。即便是腹稿，也有一个转化为有声语言和副语言的过程。也要按照语言传播的规律进行组织结构，将其思想内容和精神实质，准确、鲜明、生动地传达给受众。同时，由于稿件形式特点风格不一样，传播的方式不一样，在创作中，应注意抓住其各自的特征，找到各自特有的传播规律。是新闻稿，还是通讯稿；是评论稿，还是文艺稿；是完整的文字稿，还是提纲加腹稿；是口播新闻稿，还是电视片解说稿；是一个人播出的稿，还是两个人（或两个人以上）共同完成播出的稿；是在整点新闻节目中播出的稿，还是在综合板块节目中播出的稿等等，注意运用其不同的表现方式将其准确地传达出去。

3. 图像（画面）。"电视图像的概念有广义和狭义两种解释。从广义上讲，凡诉诸观众视觉器官的视频信号，均可称为图像；从狭义上讲图像是电视摄像拍摄下来的一个个镜头画面，所以，许多人又把图像称之为'画面'"。[①] 电视图像具有"运动"和"连续"的特征。一方面是拍摄的客观景物、人物的运动；一方面是摄像机本身的运动。如机器的推、拉、摇、移、跟、升降等不同的摄法，全、中、近景、特写的不同景别的运用。"运动"要有一定的规则、节奏和韵律。"连续"，是指图像与图像之间的更替组合，从而产生"图像语言"。图像的更替组合应有连贯性、韵律感。图像语言具有表义性。如远景可表达宽广，中景可说明平常，近景可描绘细节，特写能着重强调。在画面组接上，直接切换相当于"逗点"；淡入淡出表示"另起一段"；放慢转换，表示抒情，也有"同时"的含义，相当于"分号"；重合叠加可表达"回忆、幻想"。画面语言是具体、形象、丰富、生动的；同时又有其局限性。如，感性多、理性少；形象易、抽象难；拍实易，摄虚难，等等。播音创作主体要了解图像语言的特点功能，利用其形象性，调动感情；把握其规律性，与其配合；弥补其局限性，发挥优势。

4. 音乐。"音乐是一种特殊的声音系统，也是广播电视传播的基本介质之一。音乐不仅在广播电视节目系统中占有很大比例，而且作为节目构成要素之一，以各种形态进入节目制作过程，成为一种特殊的音乐形式——节目音乐。"[②] 音乐，是由有组织的乐音所形成的艺术形象。它在表达人们的思想感情，反映

[①] 闫玉主编《中国广播电视学》第439页，中国广播电视出版社1990年9月出版。

[②] 闫玉主编《中国广播电视学》第471页，中国广播电视出版社1990年9月出版。

社会现实生活方面，有着强烈的感染力和广泛的社会性。"节目音乐，是具体节目内容与特殊音乐形式融合的产物，是广播电视节目构成的一个要素。节目音乐既有一般音乐艺术运动规律的共同性，又有受广播电视具体节目内容制约的特殊性。节目音乐并不像音乐节目那样，必须发挥音乐艺术的欣赏功能，恰恰相反，它是把实现具体节目的目的、结构方式和风格特色作为自己的出发点。它借助音乐形象来表述节目内容、深化主题思想、烘托环境气氛、抒发人物感情、推动情节发展，使节目内容更加生动感人，引人入胜。节目音乐也不像音乐节目那样，追求音乐自身的旋律美和节奏美，它必须根据特定节目的总体要求，与有声语言、电视画面、电声音响有序组合、互渗互补，融为一体，以提高节目的整体效应。"① 节目音乐形态具有这样几种：标志音乐，描述音乐，导向音乐，间隔音乐，特技音乐。节目音乐具有深化主题思想，渲染环境气氛，连贯语言图像，美化自然音响等作用。节目音乐的结构特征有：(1) 目的性。服从节目的要求，体现节目的意图。(2) 融合性。与其它创作要素融为一体。音乐使有声语言（副语言）富有感染力；语言又使音乐具有明确性，并帮助其体现出目的性。主要融合方式有：①交替式：即在语言叙述、描绘中，穿插音乐，烘托对比。②重叠式：即音乐与语言、图像、音响的重叠结构。③混合式：即音乐与语言、音响混合结构。音乐使图像扩大内涵，图像给音乐以形象感。音乐与画面结合的方式有：①音画同构式：节目音乐与电视图像情绪一致，节奏吻合。②音画平行式：节目音乐与图像平行发展，彼此互不依赖。③音画反构式，有意使音乐与图像对应组合，造成人们视觉与听觉的强烈反差，从而更深刻地理解人物内心世界，理解电视

---

① 闫玉主编《中国广播电视学》第471页，中国广播电视出版社1990年9月出版。

图像的本质含义。(3) 变态性。当有序的音乐形式移入节目结构中时，常常由于节目主题以及内容和形式的制约而发生变化。节目音乐还具有旋律美、意境美、整体美等美感效应。在播音创作中，创作主持应注意利用音乐形象、典型等特点，激发感情，注意发挥音乐感染力、表现力，注意协调音乐与其它创作素材的关系，使各方面有机统一，增强播音创作活动的感染力。

5. 音响。广播电视节目中包含的其他各种声响。有其他人物语言、自然界和社会生活中的音响；有现场实况音响，后期配合制作音响。随着广播电视的迅速发展，这方面的内容会不断增多。作为播音创作依据的组成部分，创作主体应了解掌握各种声响在节目中的位置。区别层次，分清主次，使之有机统一于播音创作中，更好地服务于播音创作，增强播音创作活动的生动性。

二、创作依据的特征

在上面论述各种创作素材时，已经在不同程度上阐述了它们各自的特征，以及如何与播音创作活动协调，在创作主体的把握下，为播音创作服务。

至于它们的共同特征，至少可以概括为以下几点。

1. 可感性。尤其是图像、音乐、音响等，可以直接感觉到。文字稿件的内容，可以唤起创作主体的感受能力感受到。

2. 可变性。一方面是各创作素材自身都是运动发展变化的，文字稿件也孕育着内在感情的张力，一方面是创作主体可以对其塑造，重新调整其运动方向、方式，结构布局、强调的重点等等，这种可变性，为其创作主体创造活动的展开奠定了基础。

3. 二度性。所有的创作素材，都是观念形态化以后的东西。文字稿件较为明显，创作时有一个还原的过程。图像、音乐、音响，看上去是客观现实的直接反映，但已经有了选择，这选择就是观念化的过程。所以，在创作活动中，创作主体，要把握前边创作的意图使其进一步体现出来。

4. 局限性。无论何种创作素材，都在不同方面、不同程度上存在着局限性。创作者，应善于将其各种素材扬长补短，建立起最佳组合系统，为播音创作活动服务。

第三节 受　众
（听众、观众）

受众，是构成播音创作活动的重要方面。受众的研究涉猎面很广。本节仅从播音创作活动的角度来研究。

一、受众的含义和特征

广播电视受众，是广播听众和电视观众的总称。在播音创作活动中，受众又是接受的主体。

在广播电视传播过程中，"受众是广播电视节目的接受者和服务对象。但他们不是被动的接受者，而是积极的、主动的信息寻求者。受众总是根据自己的需要、兴趣、价值观念等因素去寻求、选择和理解信息。受众在主动寻求信息过程中，不是兼收并蓄所有信息，而是有选择地接触、注意、理解、记忆。选择的标准包含社会因素（如社会的信息环境、文化规范、受众所处群体等）和受众个人因素（如受众的价值观、信息需求、兴趣、情绪等）。受众的信息取向，对广播电视的传播过程与效果有很大的制约作用。"[1]

广播电视受众有以下特点：由于广播电视节目的直观性、通俗性和传播渠道的多样性，其受众较其他传媒队伍庞大；由于广

---

[1] 赵玉明、王福顺主编《中外广播电视百科全书》第13页，中国广播电视出版社1995年1月出版。

第三章 播音创作的要素

播电视节目大多直播,受众对传播内容的参与程度高;由于广播电视节目可以伴随其他行为收听、收看,受众的接受行为具有伴随性,多数处于半接收状态。

在播音创作活动中,受众是一个重要的方面。它是创作活动的出发点和归宿。受众既是创作主体的传播对象,又是创作主体的服务对象。受众的心理要求、接收规律,决定着播音创作技巧的恰切运用。播音内容技巧中对象感的运用,外部技巧中停连和重音的确定,语气和节奏的把握,都与创作主体对受众的判断有很大关系。

在播音创作活动中,受众反作用于创作主体的形式是多样的,这种多样性,决定了创作主体与受众交流形式的多样。有的创作活动,受众不在面前,创作者必须要有对象感,同想象中的观众与听众交流,用这种对象感,刺激播讲愿望,激发交流感情。有的创作活动,部分观众在现场,创作者既要同现场的观众交流,又要同收音机和电视机前的观众交流,使得交流具有了多向性。这一方面要求创作主体提高交流水平,把握好多向性交流;一方面又要清醒地认识到,真正的受众,仍是在收音机前和电视机前。现场参与者,仅仅是一小部分,这些参与者也是为了共同完成为收音机、电视机前观众服务的任务。所以,播音创作的基本矛盾运动规律没有变,无论何时、何种情况下,创作者都要牢牢把握对象感。

二、受众的分类

这部分实质是研究受众的层次性、多样性,以便加强播音创作的针对性、有效性,揭示其本质性。

由于广播电视受众群体的广泛性和复杂性,其必然反映出层次性、多样性和特殊性。

分类的方式也是多样的。

从接收方式上，可分为广播听众和电视观众。

从收视态度上，可分为积极受众、固定受众和随意收听的受众。

从受众结构上，可分为基本受众、参照受众、特约受众和潜在受众。

从国别上，可分为中国（包括港、澳、台）受众和外国受众。

还可以从文化程度、政治态度、职业、性别、年龄等等许多角度、许多方面去分。

受众的分类可以是无限多样的。而在播音创作中，从创作主体对受众的把握（即对象感内部技巧的运用）来看，主要应明确受众的质与量的划分。所谓"量"，是指受众形式方面的东西，为数量的多少、年龄的大小等；所谓"质"，是受众的本质需求。在创作中，既考虑到"量"即形式方面对"对象感"把握的作用，更注意到"质"，即受众心理需求，对"对象感"运用的影响。

三、受众的心理需求及接收规律

要在播音创作活动中把握好"对象"即受众的"质"，就必须要研究受众的心理需求及接收规律。

受众心理"影响、制约听众、观众接受行为的心理活动及其规律。受众心理是社会生活和广播电视传播作用于受众大脑产生的主观映象，并随着主客观因素的变化而变化。"[①]

受众需求是"受众的重视要求与广播电视节目实际情况之间关系的反映，是受众视听行为的原动力。受众需要有具体的指向

[①] 赵玉明、王福顺主编《中外广播电视百科全书》第14页，中国广播电视出版社1995年1月出版。

对象，既指向物质性的广播电视节目（如新闻节目、文艺节目），也指向这一传播活动的结果，即节目带来的满足。受众需要具有周而复始的特点，即同一种需要会多次重复出现，这是受众需要形成、发展和不断丰富的最重要的条件。同时，受众需要又是随着广播电视活动范围的变化及广播电视传播方式的改变而不断变化。"①

广播电视受众心理的运动过程可表述为：认识——情感——意志的过程，即知、情、意的过程。在播音创作中，创作者应该研究受众的这一心理过程，把握这一过程运动的规律，以便能够更为科学地适应受众心理接收规律。

受众心理可分为共性心理、特性心理和逆反心理等。在当前改革开放的年代，我国受众的共同心理主要表现为：求新求快，求真求实，求知求教，求富求强，求治求安。

受众心理活动规律，从微观看，大体表现为："喜新厌旧，喜真厌假，喜活厌死，喜短厌长，喜奇厌平，喜实厌空，喜近厌远，喜正厌偏，喜导厌训，喜优厌劣，等等。"② 从宏观看，受众心理活动规律则表现为自主、思辨等方面。

从播音创作活动的角度来考察受众的心理及接收规律，应注意以下几点。

1. 注意线条性，把握过程性。言语传播和接收是线性过程，受众对创作主体所发出的信息有一个认识判断接收的过程，有一个接码——解码——收码的过程，有一个认识——情感——意志的过程，创作主体应注意传播中自然属性规律（言语的物理——

---

① 赵玉明、王福顺主编《中外广播电视百科全书》第14页，中国广播电视出版社1995年1月出版。

② 赵玉明、王福顺主编《中外广播电视百科全书》第14页，中国广播电视出版社1995年1月出版。

生理——心理运动过程的规律）与社会属性规律（即心理活动内容运动的规律）的双重把握，有机统一。在播音创作中，首先应把信息按传播规律传达清楚，注意把握听说之间的过程。

2．注意自主性，给予创造性。受众不是消极被动地接受信息，随着时代的发展，受众素质的提高，受众的自主性、思辨性愈来愈体现出来。在播音创作活动中，创作者应充分估计到受众的能力和水平，为其留以思考的空间、创作的余地。

3．注意局限性，加强引导性。受众的层次水平是不一样的。播音创作活动的根本目的是要体现党的政策主张，宣传引导人民群众的社会实践。播音创作者要把党的政策变为人民群众的共同主张，就需要，既看到受众的个体需要，又看到人民的整体利益；既看到受众的眼前需求，又看到人民的长远理想；既看到受众的表层需要，又看到人民的本质愿望。用人民的整体、长远、本质利益和愿望及理想引导受众。

4．注意情感性，求得共通性。在创作活动中，创作者应考虑受众接受的情感性。能够引起受众情感上的共鸣，是听众接受信息的最有效状态。既要以理服人，又要以情感人。只有有感情的人，才能感动有感情的生命。要引起受众心灵的共鸣，就要把真挚的感情贯穿于播音创作，在播音语言表达中，用鲜明的态度感情鞭挞假、丑、恶，歌颂真、善、美。

5．注意受众反馈，提高播出质量。"受众学中的反馈，是指传播者通过受众对所接收的传播信息的反应，推测和判断受众的心态和需求，检验和证实传播的效果。"[①] 随广播电视现代化程度的不断提高，受众反馈的渠道也越来越多。有来信、来访，电话电报；请进来座谈，走出去调研；选典型访问，找受众对话；

---

① 闫玉主编《中国广播电视学》第734页，中国广播电视出版社1990年9月出版。

参与节目制作，运用电脑软盘。反馈的信息量越来越大，分析的信息面越来越全。这些进一步促进了节目质量提高。对于播音创作者来说，更应重视受众反馈，不断调整自身创作，提高服务水平。重视受众反馈，创作者一方面要重视反馈来的信息，一方面还应抽出时间，主动深入群众，调查研究，直接获取第一手材料。同时也看到受众反馈的差异性，对获得材料，进行选择分析，以保证反馈的质量。

第四章　播音创作的手段

有声语言和副语言是播音创作的手段。探索其构成要素、功能特征和表达规律，是研究播音创作活动的重要一环。

第一节　有声语言

一、有声语言的构成要素

这里主要从发声系统和表达系统来阐述有声语言的构成要素。

(一) 发声系统概述

1. 发音器官构成

发音器官是指人体中参与发音活动的器官（见图1）。

根据发音器官在发音过程中的作用，可分为3部分。

(1) 动力部分

动力器官主要有肺、横膈、胸廓和气管。这部分为发音提供空气动力。

(2) 发音部分

发声器官由喉构成。它为发音提供声音素材。

(3) 吐字部分

吐字器官指喉以上各器官组织，包括唇、齿、舌、软腭等。这些器官，或打开、关闭，形成各种爆破音或摩擦音；或通过位移，使鼻腔与口腔连通或断开，形成鼻音或非鼻音；或通过唇形

第四章 播音创作的手段

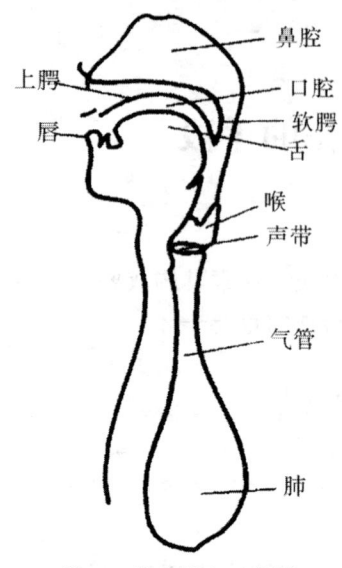

图1　发音器官示意图

或舌位变化，使声音产生共鸣变化，形成不同的元音。

语音同自然界其他声音一样，具有物理属性。每个声音片断中都包含了音高、音强、音长、音质四个要素。

2．发声要领

掌握科学的用声方法，是获得良好的用声状态、改善用声状况、提高发声能力、使声音持久耐听的重要途径。

发声要领主要包括：正确的呼吸要领，口腔控制要领，音域的扩展，共鸣的获得等。

（1）运用气息的要领

气息是发声的动力。要掌握正确的发声方法，首先必须掌握正确的呼吸方法，把握好气息的运用。

好的声音状态对气息的要求是：深、匀、通、活。

所谓"深"，就是吸气要尽量深一些。

所谓"匀"，就是呼气要尽量均匀，要有控制，不要大撒气。

所谓"通"，就是气息运动的通道要畅通，气息对声音要有支撑作用。

所谓"活"，就是气息运用要灵活，能因情用气，随感情的变化而变化，收放自如。

上述"深"和"匀"，是指吸气和呼气，其中，呼气即对气息的控制是主要方面。"通"和"活"，通是活的基础，其中活又是气息训练的主要目的。

"深"的练习。深吸气，一种是慢吸，一种是快吸。

慢吸，可以用闻鲜花的感觉体会。可以设想，自己在一个雨后空气清新的早晨,站在初开的鲜花旁边,慢慢地用深吸气闻这朵初开的鲜花。这时,就会感到后腰尤其腰带及腰带以下发涨,而两肩和胸部则相对保持松弛,这样的吸气方式则是正确的。经常练习便会增大自己的吸气量。

快吸,可以用准备从地上搬重物的感觉来体会。因为在语言表达时,有时需要快吸气。快吸气,既要快,又不能吸得浅。要吸得深,就得用既能快又能吸得深的方法来练习。准备从地上搬起重物的感觉,较为容易体会这种吸气方法。设想地上放着一个沉重的木箱,你准备把它搬起来,或移动位置的一瞬间,你在用力之前会先迅速地深吸一口气。此时的吸气状态,便是我们要求的所谓快吸训练的正确方法。快吸时,你会猛然感到小腹(尤其是丹田处:肚脐下三指的地方)和后腰下部一紧一涨,这样便达到了快吸练习的目的。

在练习过程中,要尽最大努力,将气吸得越深越好,从而逐渐加大自己的吸气量,提高自己的吸气能力。而在实际进行有声语言表达即实际讲话和宣读文告、文件时,则不必像训练时吸得这样满,以吸八分饱为宜。在经常训练、吸气能力提高后,可不考虑吸气的问题,将主要注意力放在语言表达上。

"匀"的练习。匀是对呼气的要求。呼气,即气息的控制是关键。如果吸得很深,不会控制,一下子全撤出去了,则等于前功尽弃。

"匀"的练习,可以在练习深吸气并基本掌握的基础上进行。练习呼气匀,在吸气时吸八分饱,不要吸得过满,这样便于控制。吸气后,可体会用对准一个小药瓶口均匀地吹气(最好想象能吹出响声)的感觉练习,时间延续越长越好,这证明你的气息控制能力越强。这时,你会感觉到小腹(尤其是丹田处)渐紧,有向下拉住气息的感觉,你均匀地吹气(即呼气)时间越长,拉的感觉越明显,而胸喉部则保持相对松弛,这样才能持久,在发声时才能真正用上丹田气,解放胸部及喉部。还可以用均匀地数数的方法练习。数数时,可想想具体事物。比如,数"一、二、三"可以想象是数三棵小树,"四、五、六"想象是三只小鸟,"七、八、九、十"想象是四束鲜花。这样,可以增加发声热情,提高练习质量。

"通"的练习。可以用单元音"a"("啊")来练习。发"a"先由弱渐强,均衡用力,感觉小腹的控制力,体会气息和声音通道的贯通。练习时,为了使气息、声音贯通、集中,以便发出的声音入话筒,可以体会在对面的墙上找一个点,这个点的高度最好是低于自己的胸部,站在距这个点两至三米处,对着这个点,发延长的"a"音,感觉到发出的气息是非常细、又是非常有力的气束,都集中地均匀地射向你所定的那个点,并可以感受到对那个点有穿透力。

"活"的练习,主要在后面要谈到的声音弹性训练部分中体现出来。"深"、"匀"、"通"是"活"的基础,"活"又促进"深"、"匀"、"通"训练质量的提高。

"通"和"活"的训练在开始练习阶段,可以注意这样几点:①要有流动感。所谓流动感,就是发声者激发起来的思想感情,通过气息形成的语流不停地流动。呼出的气流像山间小溪一样流动不止,时而跳跃,时而平缓,不断前进。气息的向前流动感与气息被小腹向下拉住的感觉,形成了矛盾的统一。如果拉而不流,声音就会僵滞;如果流而不拉,气息又失去了控制。下拉上流,这就形成了声音弹性带的感觉,而这个弹性带的枢纽在小腹。②小腹是控制气息流动的钥匙。在用气发声过程中,小腹始终保持紧张度,呈现出微收的状态。小腹紧张度的调整和变化,会使气息和声音有所变化。③把握"一气呵成"感。"一气呵成",并不是说一口气说完,而是从头到尾保持气息的控制状态。要情气贯通,声断而情、气不断。这里,气息应始终处于一种有控制的状态,也就是说,小腹始终处于微收状态,不能完全松下来。④气随情动。"兴奋从容两肋开,不觉吸气气自来"。感情是气息发生的动因。因此,在练习时,应始终保持兴奋、积极的状态。

一般日常生活中人们的呼吸方式可以归纳为胸式呼吸、腹式呼吸、胸腹式联合呼吸。胸式呼吸,气息虽较灵活,但太浅;腹式呼吸气息虽较深,但缺乏灵活度。所以,我们采用胸腹式联合呼吸法,以使气息达到"深"、"匀"、"通"、"活"的要求。

(2)喉部和口腔控制

气息是发音的动力,喉部和口腔控制是发声的关键。有了正确呼吸方式,把握了用气要领,还要能够正确地利用它"制造"出较好的声音来。

①喉部控制

发声者的喉部控制,是指其在发声过程中,对喉部肌肉活动的调节和协调。喉部控制最根本的一点,就是喉部放松。只有喉部放松,声带才能自如地振动,发出泛音丰富的乐音。如果喉部用力,就会影响声带的自如振动,对发音不利,甚至会出现难听的噪音。喉部放松,用较小的气流就能使声带振动,发音效率高。如果喉部用力,造成声带过分紧张,发音较"生硬",声带易疲劳。喉部放松,可以使声道畅通,声带相对松弛,运动自如,发声持久而不疲劳,声音虚实变化自如,富于弹性。

②口腔控制

口腔是语音的制造场。口腔控制的目的,就是要给这个制造场更大的空间。这样,一方面可以使舌等发音器官有更大的活动范围,为清晰有力地发音创造条件,另一方面,也可以获得较好的口腔共鸣。

(3)吐字归音

吐字归音,是指发声人对字音的字头、字腹、字尾的处理。

所谓字头，是指声母加上韵头（介音）；字腹，是指韵腹（主要元音）；字尾，是指韵尾（尾音）。比如"电"（dian）字，字头是"d"、"i"（介音），字腹是"a"，字尾是"n"。所谓吐字归音到家，就是说字头、字腹、字尾都发得很好，使发音准确清晰。

(4) 声音共鸣

话筒前要求发音者采用以口腔为主、辅以胸腔和头腔在内的上下贯通的声道共鸣方式。没有或缺乏共鸣，通过话筒出来的声音就显得干瘪，没有色彩；有了共鸣，声音才能圆润、宽厚、丰满。声道共鸣状态的感觉是：一根弹性声音柱，由胸部的支持垂直向上，到口腔流动向前，"挂"于硬腭前部，透出口外。

(5) 声音弹性

声音弹性，是与声音"僵持"相对立的概念，指声音对人们思想感情的一种适应力，即声音随感情变化而产生的可变性、对比性、层次性。声音的可变性，其中最主要的是气息状态及声音色彩的变化。声音的变化呈现对比性，其中主要有：气息的深浅、呼吸的快慢，声音的高低、强弱、实虚、明暗、刚柔、厚薄，以及气息和声音的纵与收等。

声音对比的每一对比项中，都有众多层次，层次之间有着细微差别；控制水平越高，层次间差别越细致。

感情运动，声音变化，是获得声音弹性的必要条件。声音变化靠感情运动，气息自如，喉部放松，口齿灵活。所以，在发音之前应把感情调动起来，并调整好气息的运动，这样声音才能是有内在支持力的变化。

(二) 表达系统概述

1. 内心感受和情感调动

(1) 内心感受

内心感受，是指语言表达者透过稿件文字和文字间的相互关系，感觉到其代表的客观事物的存在及它们之间的关系，并体会到它们对自己的间接刺激作用。感受是一种心理活动。

感受是从理解到表达的桥梁。语言表达者光停留在对稿件和所表达内容的理解上是不够的，光是理解，没有感受，讲出来只能是干巴巴的。通过感受，发出的有声语言才能活起来，才有生命力。

感受可分为形象感受和逻辑感受。

①形象感受。形象感受是指语言表达者通过视觉、听觉、味觉、嗅觉、空间知觉、时间知觉等，对所表达内容中描述的事物进行具体能动的体验。有了这种体验和感受，才能通过语气的变化把它们表达出来。

②逻辑感受。逻辑感受是语言表达者对所表达内容中事物间的逻辑关系的一种主观体验。

语言表达者不应只是"清楚"和"明白"所表达内容的先后顺序、逻辑关系，还必须深入具体地感受它们之间内在本质、相互作用、相互联系。

逻辑感受包括：并列感、对比感、递进感、转折感、主次感、总括感等。

形象感受和逻辑感受不是孤立存在的，运用时，既要注意具体感受，又要注意整体把握，综合运用。

（2）情感调动

情感是播音创作的核心。情感的调动可以运用"情景再现"、"内在语"、"对象感"等播音创作的内部技巧。

情景再现，就是创作主体像过电影一样，把稿件上的一个个具体场景在自己脑海里展现。以唤起创作者的情感。可分为，理清头绪，设身处地，触景生情，现身说法。

内在语，是由语言现象和本质之间矛盾性构成的。内在语是稿件中的文字语言所不便表露、不能表露、或没有完全显露出来的语句关系和语句本质。所谓语句本质，就是语句的内在含义、感情态度。揭示语句本质，就可以使思想感情的运动导向深入。所谓语句关系，就是指语言之间的逻辑链条，逻辑关系。语句之间内含的递进、并列、因果、分合、转折等逻辑关系，构成了逻辑感受链条，推促思想的运动、转换和发展。

对象感也是激发播讲愿望的一种手段。创作主体在播音时，见不到收音机、电视机前的听众和观众。创作者为了与其交流，设想听众、观众在面前、在心中，并与设想的听众、观众交流，从而促使思想感情运动，激发播讲愿望。

运用内部技巧调动情感，关键是要展开想象和联想。越是具体的，越是可感的。设想的场景一定要十分具体、形象，这样才能生动可感。在把握感情的表达时，一定要注意整体性，注意体现出感情的内含实质。

2．外部表达技巧

在有了内心的感受和调动起情感的基础上，语言表达者要运用外部技巧将内在的感受和情感表达出来。

外部表达技巧为：停连，重音，语气，节奏。

（1）停连。它包括两个方面：停，是指停顿；连，是指连接。停连位置恰切，情意表达才能清楚。有声语言必须适合听觉规律，有时文字稿件的口头表达，不一定按标点符号停顿，有时有标点的地方可能会连接起来，没有标点的地方也可能安排停顿；有时逗号可以比句号停的时间还长，有时句号可能比顿号停的时间还短。

（2）重音。它是有声语言为传情达意需要着重强调的词语。重音强调的方式，可以重读，也可以轻读，可以实声，也可用虚声，应根据感情和内容的需要灵活掌握。

（3）语气。这一概念有3个方面含义：它以语句为基本单位；具有一定的声音表现形式，即语势；这种声音形式中包含着具体的思想感情，包含着是非和爱憎等。是非，是指正确、错误、反对、支持、赞扬、批判、严肃、亲切、郑重、活泼、坚定、犹豫等态度方面的具体性质。爱憎，是指挚爱、憎恨、恐惧、疑虑、冷淡、愤怒等感情方面的具体性质。态度、感情交融一体，可以展现各类语句的丰富多彩。语气的感情分量，是指要显示出是非、爱憎的不同程度的区别，也叫分寸火候。

（4）节奏。节奏是指由全篇稿件生发出来的、播音创作者思想感情的波澜起伏所造成的抑扬顿挫、轻重缓疾的声音形式的回环往复。一般说，节奏可分为六步类型：高亢型、紧张型、轻快型、低沉型、舒缓型、凝重型。判断一篇稿件属哪种类型，主要是根据重点段落的语句来判断。在把握节奏时，应注意其整体性，即从全篇来把握；注意其变化性，即注意鲜明地区分并体现出各个语句语气的变化；注意其回环性，即相同或相似语气变化的规律。节奏的把握通过对比来实现，具体方法是：欲扬先抑、欲抑先扬（扬，一般指声音的趋势向上发展；抑，一般指声音趋势向低发展）、欲慢先快、欲快先慢（慢，是指字音稍长、或停顿多而时间长；快，是指字音短促，或停顿少而时间短，或连接较多）。要做到慢而不断，快而不乱。有时也可以慢中有快，快中有慢。

二、有声语言的属性特征

有声语言，既有自然属性，又有社会属性。其自然属性是基础，其社会属性决定自然属性。

这里主要阐述播音语言表达的属性特征。

（一）创造性

播音有声语言表达是创造性劳动。每次成功的语言表达，都渗透着语言表达者的心血，都是语言表达者创造能力的体现。那种不重视语言表达，不留心或研究语言表达的规律和技巧的人，是很难获得语言表达的成功的。

第四章 播音创作的手段

　　传统的观点以为，创造是从无到有，其实并不尽然。因为从总体讲，大千世界、万事万物是不灭的。所以，也就无所谓从无到有，而只是一个转化过程。现代意义上的创造，要看是否通过人的主观能动性的发挥，人的本质力量的显现，改变旧的符号系统，建立新的符号系统。

　　播音语言表达，是由创作主体、创作依据、受众之间矛盾运动构成。其中创作者是主体，稿件等创作素材和受众是客体。从表达者同稿件（或素材、腹稿）的关系看，表达者通过主观能动性的发挥，借助感情的力量，建立起一套新的语言传播的符号系统。即把按文字排列传递信息的符号系统，转化为按有声语言和副语言（符合听觉、视觉接收规律）传递信息的符号系统。从表达者同受众（听众、观众）的关系看，表达者面对话筒或摄像机镜头讲话，听众、观众并不一定都在面前，这就对表达者的交流形成了限制。语言表达的创造性正是在这种限制中体现出来。表达者要发挥自己的想象力，去感受听众、观众的存在，面前无人、心中有人，同想象中的听众、观众交流感情。

　　(二) 音声性

　　有声语言创作的手段是表达者对有声语言和副语言的运用。声音是其创作的基本物质材料。声音是时间的艺术。有声语言是按时间序列运行的，一纵即逝。有其长处，也有其局限。

　　有声语言的运动过程，可以概括为：心理——生理——物理——生理——心理。其中前两项（心理、生理）活动，是传播者的；中间一项（物理）活动，是电子传媒过程；后两项（生理、心理）活动，是受众的。这五项活动，按线性规律，瞬间完成。其中，生理和物理活动的过程，具有自然属性；心理活动的内容，具有社会属性。广播电视传媒中所进行的有声语言表达，使这一过程具有开放性。它不像生活中人们交流，言语活动的这5个过程相对封闭，传者和受者可以面对面交流。

声音这一物质材料，也包括副语言，既有自然属性的一面，又有社会属性的一面。所以在运用过程中，既要注意其自然属性一面，按听觉、视觉规律，按个体接受信息特点传播信息；又要注意其社会属性一面，在传播信息的同时，反映出传播者应有的态度和思想感情。

声音既有先天因素，更需要后天锻炼。按照声音运动的规律，采用科学练声方法，正确发声，每个人（除疾患者）的声音都会成为其语言表达的得力工具，为语言传播增添光彩。

世界上没有两片完全相同的叶子，也没有两副完全一样的嗓子。声音训练，既要把握统一规律，运用科学方法，改掉自身毛病；又要因人制宜，挖掘自身的特点和长处，注意不断探索，逐步形成自己的风格。

（三）规范性

通过广播电视这一电子大众传媒，面向亿万观众传播，更要求使用标准的普通话，以提高传播质量，同时，也起到推广应用普通话的示范作用。

规范性，不光是体现在语音方面，普通话的规范，还包括词汇、语法等方面的规范。

（四）情感性

情感是有声语言表达的核心支柱，也是有声语言创造活动的动力和源泉。

所谓"情感"。"是人对客观事物是否符合自己的需要所作出的一种心理反应。"[①] "是对对象与主体之间的某种关系的反映。……对象与主体需要的不同关系产生不同的情感，不同的情感又驱使主体采取不同的活动，以符合主体的要求和需要。……人的

---

① 王朝闻主编《美学概论》第106页，人民出版社1981年6月出版。

情感是社会历史的产物,具有社会的内容和社会的意义。"①

有声语言,始终伴随着情感。有声语言表达,应该是人的情感运动的产物。只要将文字稿件(或腹稿)形之于声,就会有表态性,就会出现一定的态度和感情色彩。因此,有声语言的创造活动,离不开情感。

在有声语言表达中,声音靠气息的支撑,情感是气息的动力,气随情动。

有声语言表达的情感,以态度和感情色彩等方式体现出来。态度可分为:肯定与否定、严肃与亲切、祈求与命令、客观与直露、坚定和犹豫等类型。感情色彩可分为:爱憎、悲喜、惧欲、急冷、怒疑等类。有声语言情感表达的样式应该是多样的,而就某一个稿件、某一个具体内容来讲,情感表达的样式又应是具体的,它有一个主调,当然在主旋律上也有小的变奏。广播电视播音情感表达应遵循新闻真实性原则,切忌渲染和夸张。较好的感情表达,应该是真诚、恰切、质朴的。

(五)时效性

广播电视传媒的新闻的时效性,使得有声语言表达活动的创造时间也是十分紧张的。表达者有时要即兴评述,有时要现场直播,来不及准备,这使得有声语言表达也具有了时效性。因此,表达者平时必须不断积累,把握全局,提高应变力和即兴表达能力。

(六)社会性

无线电波传播的广阔时空,使得全社会人们都成为受众。有声语言表达者应该认识到这一点,考虑到传播的广泛性、公开性,以及所具有的社会性,来调整并把握语言表达的内容。

---

① 王朝闻主编《美学概论》第106页,人民出版社1981年6月出版。

(七) 身份感

身份感是语言传播者对自己定位的感觉和把握。传播者的身份,是"大我"和"小我"的有机统一。

所谓"大我",是指语言传播者作为党的宣传员、新闻工作者的身份和传播者应有的国家意识、民族意识和大局意识。

所谓"小我",是指传播者个人的特点。传播者应以听众、观众的朋友身份与他们交流,为他们服务。传播者可以根据不同内容、不同时间、不同场景,采取不同表达方法。但其身份不能模糊不定。

(八) 对象感

由于语言传播过程中听众、观众不在面前,传播者要凭借想象,感觉到他们的存在,这就是语言表达过程中的对象感。传播者通过对受众的感应和把握,并与他们交流,以激发语言表达的愿望。

(九) 语境感

有声语言表达,是在一定的语言环境和背景下进行的。环境和背景的不同或变换,对语言表达有着直接的影响和制约。它涉及到对语言表达感情态度的把握、声音语气的控制、语句词汇的选择。表达者只有树立语言环境意识,才能从整体上驾驭有声语言的传播。

语言环境,包括社会环境、言语环境、传播环境等。

社会环境,就是语言表达者当时所处的社会背景,包括政治、经济、文化、历史等情况同表达内容的联系。表达者应了解这种情况,把握住它们之间的联系,以增加语言表达的纵深感。

言语环境,就是表达者说话时所身临的场景。或是在演播室,或是在办公室、会议室,或是在室外的建设工地、运动场、农田等处,这些不同的场景,对语言表达者表达是有不同要求的。表达者应根据不同场合调整和把握好自己的语言表达。

传播环境，是指语言表达者应了解自己讲的内容是在什么时间、什么节目中播出，是新闻节目、专题节目，还是对外报道。这些也都在不同程度上影响语言表达。

（十）分寸感

分寸感是指语言表达者对情感、政策尺度准确把握的感知。分寸感是衡量语言表达者政治素养、思想水平的重要方面。分寸感要求语言表达者的态度、感情必须恰到好处，既不能不够，也不能过火。

三、播音有声语言表达的规律

（一）播音表达规律①

这里所讲的播音语言表达规律，是指基于播音工作的新闻属性及广播电视的传播特性，体现在语言表达创作方面所具有的规律。

广播电台、电视台各类节目有丰富多彩的播音（主持）方式，但无论是广播播音，还是电视播音；是有稿播音，还是无稿播音；是播音员播音，还是主持人播音，实际上存在着一些共同的规律。

首先，从其存在的前提条件看，一方面是由播音工作所具有的新闻属性决定的，另一方面是由广播电视通过电子技术所进行的大众传播方式要求的，播音的有声语言在表达思想感情方面有自己的特色，如播音的"规范性"、"庄重性"、"鼓动性"、"时代感"、"分寸感"、"亲切感"等。

其次，从播音（主持）的主体看，其创作要素是共同的，如思维、情感、语言、检测调节等心理活动，如呼吸、用声等生理

---

① 这一问题主要参照张颂的论述，见赵玉明、王顺福主编《中外广播电视百科全书》第136、137、138、139页，中国广播电视出版社1995年1月出版。

活动；同时，创作主体与文稿、创作主体与客观现实的关系，以及创作主体驾驭有声语言活动方面，都必须符合播音创作前提的要求。这些创作的主客观方面的普遍性特征构成播音表达的共同规律，主要包括：1、思维反应律；2、词语感受律；3、对比推进律；4、情声和谐律；5、呼吸自如律；6、自我调检律。

1.思维反应律　播音创作中，播音员必须遵循的使播音的语言与思维紧密结合，并符合"新闻性"要求的思维活动规律。是播音创作心理的重要支柱。

积极的思维，是从事创造性活动的共同要求，对播音工作来说则更具特殊的意义。

首先，必须确立思维活动在播音创作中的先导地位。手中没有现成文字稿件的各类的口语播音，播音员面对着客观现实（新闻事件、人物及其他具体的现实），只有经过周密、快速的思维，形成明确的题旨，经过语言"编码"，才能以有声语言的形式把思想情感外化传达出来。显然，这里没有积极的思维，现场报道、采访、主持等就无法顺利进行，而思维的质量及播音的技能又直接影响着口语播音的质量。有稿播音，播音员面对的是载录了记者、编辑思维结果的文字。在把稿件的文字符号转化为语音的声音符号时，存在着不同层次的反应。积极活跃的思维，敏锐准确的反应，能引发诱导出深含意蕴、全面体现文字稿件涵义的播音；急惰消极的思维、简单迟钝的反应，只能是"照本宣科"式的念字，只是把字形转化为字音，由于播音时的具体语言与思维脱节，因此难以形成完整清晰的意思。这种只有浅层次思维反应的播音，严格说是没有创作意义的。

其次，播音工作的新闻属性给思维活动提出了具体要求。体现在思维速度上，力求反应敏锐迅捷，迅速观察、判断、理解，抓住播音创作的核心。体现在思维广度上，力求活跃而明确，既能打开思路，更要注意实现预想目的的方向性，防止模糊或偏离播出目的。在体现思维深度上力求准确有序,能深入事物本质,有全面的认识,防止浮于表面或杂乱无章。

再次,播音创作中抽象思维与逻辑思维并重,无论是无稿播音,还是有稿播音,播音员都要通过分析综合、比较、抽象和概括等逻辑思维,达到把握事物本质的认识,同时,又要通过表象、想象和情感渗入的形象思维,把握事物生动具体的形象和蕴含,从而对客观现实,或由文字稿件间接反映的客观现实,产生积极活跃的思维、敏锐准确的反应,成为形成准确、鲜明、生动的播音语言的先导。

2. 词语感受律 播音语言的声音形式中,必须使词语蕴含着具体、准确、深刻感受的表达规律。这是播音创作心理的重要支柱之一。

积极灵动地感受词语,是使播音有声语言比文字语言有更强、更深的直接可感性的前提。在有稿播音中,播音员对所接受的文字刺激要产生相应的感受,这感受不能仅仅停留在词语概念的明确上,必须通过心灵,以至全身心的活动去感受词语所蕴含的生活。从某种程度上看,感受词语,是有稿播音创作活动的起点。

词语感受在语言序列及有关的语境因素的不断积聚中精细和深化。在创作活动中,随着词语序列的展开,一方面要迅捷、敏感地辨别词语的细微差别,准确把握词语的具体含义和色彩。另一方面,要不断扩大语言单位,不拘泥于个别的词语,而应观照上下文、播出目的、接受对象、节目形式等语境因素,接受词语更准确、更精细的感受。当然,这是以平日大量的词语感受的积累为基础的。

词语感受以目的性为统率,具有选择性和迅捷性的特点,这是播音工作的新闻性所决定的。播音创作中的词语感受是有方向、有范围的。由播出目的确立的词语序列中的重点词语,是感受的重点。在词语感受中要防止见字生情，横生枝蔓，干扰或削弱播出目的的实现。

词语感受包括对词语的形象和逻辑两方面内容的感受，播音员要在词语感受过程中敏锐意识到作者的态度及语言脉络的推进，这是把文字语言转化为有声语言时，播音员驾驭语言发出时必不可少的内心意念。

无稿播音，直接面对客观世界具体事物的刺激，播音员在把思想情感由内部语言扩展为外部语言时，要基于平时对词语的感受的积累，迅速敏锐地选择准确、鲜明、生动的词汇以及丰富多样的句式。同时，具体外化为有声语言时，词语的声音中不可丢失具体事物生动的、真切的、直接可感的刺激。那种生硬地背"腹稿"，或刻板、或随意地"说"，都使有声语言失去具体可感的活力及明确的语言目的，当然是不足取的。

3. 对比推进律　　通过播音语流中声音可感因素的对比变化表达一定思想感情的语言表达规律。

对比，可以使事物在差异比较中鲜明而细致地显现出其特征。播音创作中，对比手法的运用，在客观上多角度地、立体地拉开了声音形式表现的差距，扩大了听觉中对比幅度的主观感受，从而造成了鲜明可感的心理现象。声音形式的有强无弱，有高无低，有快无慢，有刚无柔，或者与之相反的情况，都会给人或声嘶力竭、或平淡机械的感觉。这样的语言活动是没有生命力的，刻板的，没有感染力的，甚至是不清晰的。而声音形式上的强弱相间、高低错落、快慢有致、刚柔相济的对比变化，使表情达意清晰生动，不仅适合受众的接受心理和视听习惯，而且能具体地表现出思想感情的丰富色彩和变化层次，展现出内容的推进发展。对比手法运用得好，还会使播音创作具有美学价值。

对比，以播音员从传播内容、形式等方面体验到的不同感受、不同态度、不同感情为内心依据，以声音在高低、强弱、快慢、松紧、刚柔、虚实、停连等方面的对比为表现方法。"对比突出"是播音的几种表达技巧的共同原则。停连的技巧，运用语流的中断与连接、中断时间的长和短、中断次数的多与少等方面的对比，来区分语义，表达情感；重音技巧，运用重音与非重音、主要重音与次要重音在声音各种要素（音高、音强、音色、音长）方面的对比，使语句目的巧妙而鲜明地突现出来；语气、节奏技巧，则运用各类语势的曲折变化，或不同节奏的对比组合，生动地传导出思想感情的跃动。

对比必须与推进联结在一起，对比是为了推进。有对比，才有变化；有变化，才能显露出推进的目的和方向，对比也才有生命的活力和意义。在明确的语言目的的指导下对比才具有目的性、方向性，而不致沦为没有思想感情依据的形式主义的腔调、格式。准确地把握语言大小单位（从字词、语句、段落到篇章）的主次关系，精细地体验感情变化层次的分寸火候，声音形式的对比就有了坚实的内心依据，就能获得行进的态势，具有推进的意味。

4.情声和谐律　播音创作中，反映情感与声音之间正确关系的基本规律。

播音的声音形式必须饱含播音员的创作热情及具体的态度感情。声情并茂的播音，有助于吸引受众的收听由无意注意转为有意注意，由被动接受为主动接受；声情并茂的语言，给人以美感，能充分发挥有声语言的优势，生动传神地传播广播和电视节目的内容。

播音的电子传播手段，播音员与受众的关系，受众的接受心理，这些制约因素都决定了播音员在创作中感情要饱满真挚，而声音却要有一定的节制："宁可情足声欠，不可声足情欠"。节制声音有三层含义，其一，声音的起伏变化，应有充实、贴切的感情依据。言为心声，只能以情带声，以声传情，不可"情不足，声来补"，以声造情，更不能声情脱节，南辕北辙，声音与感情要和谐统一。其二，话筒前用声要适应电子传播特点，并视各人嗓音特点正确调节用声状态，既不要一味追求宏亮，高声大气，也不可一味压低声音，虚声虚气。其三，用声要留有余地，有利于感情的色彩和分量的丰富层次的表现；同时，用声留有余地，起伏变化才可能做到灵巧自如，从而使播音的语言表达具有艺术性，更利于受众接受。

5. 呼吸自如律　播音语言表达过程中，呼吸与感情、呼吸与声音关系及呼吸状态的运动规律。

在播音语言发出过程中，呼吸不仅提供着发声的动力，而且是驱动声音发生变化、生动传达感情的重要枢纽。呼吸自如且状态多样，是播音创作基础性和技巧性的保证。自如的呼吸把情感和声音联结在一起，那种因情而动的各种呼吸状态，配合着声带的不同控制、共鸣的不同调节，可以带来声音的丰富变化，有时气息自身的某些状态也可传导特定的感情。而呼吸状态僵紧、单一，是无从产生声情并茂的播音创作的。

播音员积极专注的创作状态，真挚灵动的感情，是呼吸自如的前提条件。因情用气，气随情动，是气息运动变化的基本原则。对气息运动状态的自如控制，是具有技巧性的基本功。

气息状态多样，变化灵活，这是呼吸自如律的核心。胸腹联合呼吸作为播音的基本呼吸状态，它有使气息通畅、稳健、持久及易于控制调节的长处，而且胸腹联合呼吸方式中包括许多不同的用气状态。气息量的多少，气息位置的深浅，气息流速的快慢，气息压力的大小等多侧面、多层次的细致变化，构成了多种用气状态。此外，为表现某些特定的思想感情，也不排除使用腹式呼吸或胸式呼吸的状态。

各种不同的气息状态，由具体的思想感情引动，同时还需要技巧性的调节控制。两肋及丹田拮抗力的大小差异，拮抗时间长短的不同，在拮抗中孰主孰次的不同及主次作用的转换，这些是启动声音变化的直接的力量。自如灵活地控调气息的多种状态，有赖于气息运用基本功的锻练。

6.自我调检律　播音员在话筒前的实际创作过程中，自我检验、自我调节，以使播音创作达到完美的规律。

话筒前的创作中，大脑皮层优势兴奋中枢制约传播目的引导下的语言活动。这是由心理到生理的一系列复杂的活动，它直接体现于语言的发出。实际上，在播音语言发出过程中，不只是发音器官在活动，听觉也处于兴奋中心的边缘，监听检测着发出的语言效果，并把有关的判断返回大脑语言中枢，语言中枢根据反馈及时对有关部位发出调节控制的指令，使播音的语言效果趋向优化。

话筒前语言过程中积极的检验调节，是一种对语言的自控能力。它主要检验播音员创作时思维和情感的运动状况，及发出语流中的语音状况、气息声音状况、技巧运用状况，也即声音形式的表现状况。一旦发现问题，立即从心理和生理等角度做出巧妙的调节控制，保证播音创作的正常和顺利。这种对播音语言的自控能力，一方面源于对传播内容的深透了解和体验，另一方面需要有意识的培养训练以及实践经验的积累。在良好的播音状态下，检验调节不仅能及时"纠偏"，而且还具有积极主动的创作意义。

检验调节不是随心所欲的任意活动，实现播出目的，优化播音效果，是检验调节的宗旨。因此，自我调检在创作中应处于注意的边缘，如若"句句返听"，使检验成为注意的中心，则必定干扰传播内容的推进，造成语言迟疑、滞塞，游离语言目的，甚而导致播音失败。

（二）几种主要语言表达样式

1.宣读式

播音语言表达样式之一。其特点是语速稍慢节奏稳健、语句工整、语气庄重、力度较强。多用于法令、公告、章程、决议等文件的播音。

2．播报式

播音语言表达样式之一。语句工整，节奏明快，富于新鲜感。多用于新闻（消息）的播音。

3．讲述式

播音语言表达样式之一，此种样式，包含讲解、说明、叙述、描写、评述等多种特征。语言表达变化丰富。多用于专题类节目的播音。

4．谈话式

播音语言表达样式之一。语言表达亲切、生动、灵活、自然，交流感强。多用于主持人节目和对话等文体的播音。

第二节　副语言

随着电视业的不断发展，副语言在电视播音创作中越来越显示其重要作用。本节从副语言的构成要素、功能特征和运用规律来分析。

一、副语言的构成要素

"事实告诉人们，无论操何种语言，包括使用双语或多种语言者，均具有副语言习俗。副语言习俗是人类共有的传承文化现象，是与言语交际并存、并行的特殊语言习俗。当然，因民族、语言、地理、文化之不同，各种副语言习俗存在种种差异，有时尚很突出，既有共通性；又有差异性。"[①]

---

① 曲彦斌：《副语言习俗》第3页，辽宁大学出版社1988年6月出版。

"我们主张用'副语言',是因为它们是语言的副产品,伴随着语言,附属于语言的。有时,特别是面对面的时候,语言可以只出现在思维活动中,即'心里话',而副语言表达,那效果反而有更好的情况。更多的时候,副语言辅助语言,共同完成表情达意、言志传神的任务。

副语言,包括眼神、面部表情、体态、服饰、时空感觉显示等。这里需要说明的只有时空感觉显示。如广播中话筒的距离变化,筋肉感觉造成的气息、声音状态;电视中灯光强弱,镜头焦距,背景中季节、环境气氛显示等,都是在传播中副语言的运用。"[1]

在播音创作中,副语言主要是由体态系统和境态系统(与体态相关的)组成的表情达意、传递信息的符号系统。

体态系统,由传播主体的面目表情、身体动作以及服饰着装等组成。

境态系统,由和传播主体传播活动相关的传播环境构成。

二、副语言的特征功能

"准确、精巧、简洁而清晰地运用副语言交际艺术的关键,在于摸清副语言习俗的一般特征,亦即它的普遍规律。……我们可以比较概括地总结出这样一些一般特征,即:共通性,传承性,心理性,符号性,文化个性,模糊性,习惯性,总成性,转换性和功利性。"[2]

在播音创作中,副语言具有补充言语信息,替代言语信息,强调言语信息,否定言语信息,重复言语信息,调节言语信息等功能和作用。(参见第六章第三节中电视播音的有关例证)

---

[1] 张颂:《播音语言通论》第74页,北京广播学院出版社1994年3月出版。
[2] 曲彦斌:《副语言习俗》第189页,辽宁大学出版社1988年6月出版。

三、副语言的体现规律

副语言的功能特征在播音创作的体现中具有其体现规律。我们应注意掌握其特征,把握其体现规律,使其更好地为播音创作服务。

利用共通性,扩大交流面。副语言虽具有其民族性,但也有许多人类的共通性。副语言的共通性,反映在某些基本的语言信息可以为大多数不同民族、不同地位、不同肤色及操不同语言,或可为有着不同文化背景的人们能够接收并解译出一致或接近的含义。这种共通性,一方面是源于人类衣、食、住、行、娱乐、交际等生理、心理上本能的相似性;一方面基于人类交流活动的社会性。在当前世界,地球已变为地球村,传播已国际化,卫星通讯技术在广播电视中的应用,使得许多电视台上星播出。无论是中央台,还是地方台,播音员、主持人不得不考虑传播的国际化、世界化。在表情达意过程中,应发挥副语言共通性的功能,拓宽交流内容的层面,扩大交流对象数量。如在交流表情达意,其微笑、善意、激动、平和的副语言的体现方式都是共通的,可以充分挖掘和运用。还可以利用这种共通性,弥补有声语言表达的不足。这种共通性就像"普通话"一样,(不过它是天然的"普通话")可以挖掘利用。

注意传承性,体现民族性。副语言是一种社会文化现象,出自一个个地区、一个个民族、一代又一代人的实践创造和约定俗成。约定俗成也正是一个传承与扩展的过程。横向的扩展可以说是传,纵向的延续可以说是承。副语言在传承过程中变异,发展,一方面承接下来一部分,一方面一部分又发生变异。应注意这一特点,防止一讲共通性就全盘西化,丢掉了我们民族特点,在表达时一感慨也耸肩膀,这不符合我们民族的表达习惯,应注意吸收民族的精华,将其继承下来,在副语言的表达中体现出民族性格、民族审美意识和追求。

运用符号性,增强表意性。副语言是以信息的符号形态进行传递和交流的。"副语言符号,是具体语境中副语言信息特定语义、感情色彩标志的凝聚。"[1] 在播音创作中,要充分认识副语言表意的符号性,分析、建立和运用其符号系统,扩大其表意的范围,增强其传情的质量,提高其交流的水平。

利用模糊性,加强引导性。副语言如同语言一样,存在一定的模糊度,这是由于它的随机性、任意性决定的,是由于它内在的矛盾性决定的。这种模糊性,使其在表意时有其相对的不明晰、不确定性,使其自身有向各个方位推进的张力。所以,在播音创作中,一方面要看到这种模糊度,注意引导,使其明确;一方面要利用这种模糊度,随机应变,巧妙地发挥其"修辞"功能。

利用可塑性,增强创造性。副语言符号系统的相互作用、转换、表意、表情,处处都体现着任意性、随机性,可变性和模糊性。这样就使其具有很大的可塑性。这种可塑性在播音创作中为符号系统的多方面利用转换,提供了广阔的创作天地。创作主体应该充分利用这种可塑性,在符号系统的构造、结合、转换、表达过程中,创造出丰富多样的情景。

利用伴随性,加强协同性。副语言往往以其辅助、伴随功能与言语交际一起构成实际传达信息、交流感情的综合方式。副语言在和有声语言的运动过程中,既并行、又渗透,不能孤立地看一个系统,一个方面。在播音创作中,很多时候,较大的任务,就是创作主体协调运用这两种手段,使其有机统一。要利用副语言对有声语言所表达意思的补充、强调、调节、重复等功能,表情达意。一般情况下,要防止其矛盾性。比如,有的主持人认为

---

[1] 曲彦斌:《副语言习俗》第195页,辽宁大学出版社1988年6月出版。

自己微笑交流状态是自己形象的所谓最佳状态，有时可传播一些亲切类情感样式的稿件还算适合，但有时在播出一些事故类消息时她还微笑，就大大降低了信息传播质量，副语言与语言所表达的内容在态度感情上不协调，使观众反感。在一些特殊情况下，也可以利用这种伴随性，运用副语言否定、调节语言信息和表达状态的功能，将有声语言此时不能、不便表达的内容表示或暗示出来。比如，有的播音员和主持人播错了，或打结巴了，他可以运用副语言，（如利用面目表情表达歉意或有分寸地不好意思地微笑一下）以否定有声语言对内容的错误表达，调节由错误表达引起的紧张状态。

利用集成性、把握整体性。副语言一方面要与有声语言配合，一方面自己各要素系统也有一个综合表达的问题。所以，要把握好副语言系统，做到体态系统与境态系统的和谐统一，体态系统内部也有一个由表达内容和交流对象引起的面目表情与手势动作的协调统一，服饰着装与表达内容的有机统一，副语言系统内部符号衔接转换的有机协调等。

运用形象性，增强可感性。副语言符号的运动过程，有很强的形象性，比如，面目表情、体态动作，一看便知，一目了然。这种形象可感性，促进了意图表达的直接性，可以迅速直接地体现语言表达的本意、实质。

把握交流时空，提高传播效率。副语言的表达不光在时间、过程中展开，而且其符号系统还在空间中凝聚。有时有声语言要说一串长话才能表达出的一个意思，副语言符号中一个动作就能将表达意图表现得淋漓尽致。要利用其空间展示的作用，实现其有声语言在时间表达中所不能获得的效能，节约时间，提高效率。

第五章　播音创作的方法和原则

之所以把方法和原则放在一起研究，是因为播音创作的方法和原则有着共通之处。正如文学创作方法不等于文学创作技法一样，播音导论中所研究的播音创作方法，也不同于播音创作的具体技巧。它是从众多的播音创作现象、技法、经验中提炼和抽象出来的，是对它们的一般概括，同时又对播音创作实践活动在宏观上予以指导，具有原则性的作用。与此同时，原则的体现也不应是空洞的、没有依托的，它是根据播音创作规律并通过方法显示出来。所以说播音创作方法和原则有着相通之处，是紧密联系在一起的。

第一节　播音创作的方法

所谓播音创作方法，就是人们在播音创作活动中，认识和把握其矛盾运动规律的基本规则和办法。

这种基本的规则和办法，是由播音基本矛盾运动的特征所决定的，概括起来即是还原、转化、表达。

一、还原

深入理解，具体感受。播音创作的素材（稿件、资料、画面、各种音乐、音响等）是观念形态化以后的东西，具有二度性。播音员应充分理解、感受文字稿件和电视画面音响等的表达内容和形式，透过文字、画面、音响，感受现实生活本身。在这样的感受中，对素材的背景、主题、针对性进行充分的挖掘，深入的理解，这是播音创作过程的必需，也是播音基本矛盾的特殊性反映在播音创作中的必然。即透过第二信号系统的文字、画面等，还原感受到文字、画面所反映的现实生活。

二、转化

按视听规律，对文字稿件和其他素材进行重新组织结构，以使其纳入视听觉系统，符合视听规律的体现方式。比如文字的标记系统（包括标点符号的位置，自然段落的构成等），在转化为声音传达系统时，必须按听觉的规律对其进行重新组织结构。新组建的结构系统，才是供有声语言、副语言传播表达的系统。

以上所说的还原和转化，一方面是创作主体播音员对创作客体的素材进行认识、感受、理解、归纳、组织、结构的过程，一方面也是创作主体自身思想感情发生和运动的过程。所谓思想感情的运动状态，是指"播音员的思想感情沿着创作依据的序列，循着创作思路的轨迹，随着播送内容的发展而不断变化的状态"。[①] 思想感情的运动状态，是理解的深化、感受的升华，是对创作素材组织和结构的动力。当然播音创作中思想感情的运动，不是主观随意的感情的波动，而是依据创作素材所含情感的发展变化。所以，还原、转化中的感情的运动，是创作主体与创作客体情感相统一的过程。

三、表达

把转化过来的系统，把运动着的思想感情，通过有声语言和副语言体现出来，传达给听众、观众。这既是"还原"、"转化"

---

① 闫玉主编《中国广播电视学》第537页，中国广播电视出版社1990年9月出版。

的物化、实现，又是思想感情运动的外化、展现。这一传达活动，就其内容来看，是对创作素材的体现；究其本质来讲，又是对现实生活的反映。所以，表达，一方面要掌握创作材料（有声语言和副语言）的结构运作方式；一方面要把握现实生活本身的发展运动规律。从某种意义上讲，创作材料的运作方式，同生活规律有着紧密的联系，后者是源，前者是流。如，播音中停连、重音、语气、节奏等等技巧，往往同生活中人们语言活动的一些规律相应。而所传达的消息、通讯等等内容，也是现实生活的反映。所以，无论是传达形式和内容，都受现实生活的制约，要求创作者把握现实生活的规律。与此同时，播音表达系统的运作，不是封闭的，而是开放的，它需要传达者在传播的同时，又接受想象中听众、观众的反馈和刺激；在有声语言和副语言表达中又同其创作素材协调一致。

第二节 播音创作的原则

播音创作的原则，是人们对播音这一事物矛盾运动规律认识和把握的基本准则。原则是观念形态的东西，它是根据规律发展而来的。要研究播音创作原则，必须依据播音基本矛盾运动的特点、播音创作内外部系统各要素发展运动和相互作用的规律来认识。按照这种指导思想，播音创作原则至少可以概括为以下两个方面。

一、坚持创造性原则

在"播音的性质和特征"一章中，曾论述了播音的创造性，这是播音自身矛盾运动规律所决定的。所以要正确地把握播音创作活动，必须坚持播音创造性原则。

坚持创造性原则，就要充分发挥创作主体（播音员）的主观能动性，强调其对创作活动的驾驭、创作素材的把握，强调其对符号转换系统的操作，在转化过程中体现出其主体的重要作用。

坚持创造性原则，就要充分体现创作主体（播音员）的创造性劳动。播音这一创作过程是复杂的、艰苦的，其劳动既有心理的，也有生理的；既有脑力的，也有体力的。只有花费大量心血、付出艰辛的劳动才能实现。那种把播音看成是不动脑筋地"照本宣科"，简单地"见字出声"，机械的"传声筒"的认识，都是同播音这一创造性活动格格不入的。

坚持播音的创造性原则，就要坚持播音语言的规范化，同时应承认播音是一门语言艺术。那种把不标准不规范的语音当做自己的个性、特色，充斥播音中，那种把貌似"生活化"、"自然亲切"的语言掺入播音中，是对播音创作的玷污。这样的自然主义、随意性的倾向，只能把播音从创造性的殿堂拉入荒漠和歧途。所以，必须力戒"随心所欲"[1]。

坚持播音的创造性，就要既遵循传播的规律，又把握其宣传属性；既看到其符号系统的作用，又注意其社会实践的决定性；既注意其创作主体声音、形象的可听性和可视性，又注意其可信性；既研究受众的个性心理，又研究受众的社会心理。

坚持创造性原则，就要坚持"广采博收、百花齐放的创作方针"[2]。由于播音创作系统的开放性、播音学科的边缘性、播音内容的多样性、播音对象的多重性，所以在播音创作中必须广采博收，"汇天下之精华"[3]，才能适应不同创作内容、创作对象的需要和审美追求。坚持百花齐放，就要鼓励不同播音风格的创

---

[1] 齐越：《献给祖国的声音》第93页，中国广播电视出版社1991年1月出版。

[2] 闫玉主编《中国广播电视学》第534页，中国广播电视出版社1990年9月出版。

[3] 吴冷西语。

立，反对千篇一律、千人一面、千口一腔，反对播音创作中的机械模仿。

坚持创造性原则，就要坚持"自己走路、独树一帜的创作理想"①。在"汇天下之精华"②的同时，还必须"扬独家之优势"③。我们中国人民广播电视的播音创作有着自己独特的优势，比如："优美的民族语言，深挚的民族情感，丰厚的民族遗产，质朴的民族性格，凝聚的民族心理，坚韧的民族气质，高洁的民族品德，果敢的民族精神"④等等，在世界上多种电波纵横交织、国际间各种传播相互撞击中，有我们可以借鉴的东西，但是我们千万不能只注意到传播的"现代化"，而丢掉了我们自己的播音创作的优势和创作理想。

二、坚持正确的播音创作道路

正确的播音创作道路可以表述为："站在无产阶级党性和党的政策的立场上，以新闻工作者特有的敏感，把握国内外形势的发展变化和人民群众的思想实际，准确及时地、高效率高质量地完成'深入理解——具体感受——形之于声——及于受众'的过程，以积极自如的话筒前状态进行有声语言的再创造，达到恰切的思想感情与尽可能完美的语言技巧的统一，体裁风格与声音形式的统一，准确、鲜明、生动地传达出稿件的精神实质，发挥广

---

① 闫玉主编《中国广播电视学》第535页，中国广播电视出版社1990年9月出版。
② 吴冷西语。
③ 吴冷西语。
④ 闫玉主编《中国广播电视学》第535页，中国广播电视出版社1990年9月出版。

播电视教育和鼓舞广大人民群众的作用。"①

坚持正确的播音创作道路，首先就要坚持播音创作的党性原则。党性即阶级性和倾向性。党性体现在播音创作中，即鲜明的无产阶级感情。由于无产阶级代表生产力发展的必然，具有强大的生命力，其社会实践具有丰富性、多样性，所以无产阶级感情及其表现方式也应是向上的，又是丰富的、多样的，这种向上和多样性的统一，才是无产阶级感情表达的特征。所以不能把无产阶级感情仅仅理解为"硬梆梆"的，它既有"四海翻腾"、"五洲震荡"，又有"莺歌燕舞"、"潺潺流水"。播音创作中坚持党性原则，就要站在党性和党的政策的立场上，坚持播音员这个"小我"和党的宣传员这个"大我"的有机统一。在播音创作中，既要有自己感情的表达特点，又要把握党的政策的分寸，既要有自己的形象特征，又要符合党的宣传员这一总体形象的准则。

坚持正确的播音创作道路，就要坚持播音创作的真实性原则。播音，是新闻广播电视宣传中的一环，播音员是党的新闻工作者中的一分子，播音创作具有新闻性特征，所以播音创作中，必然要坚持真实性原则。新闻真实性含义，既包括现象真实，更要求本质真实，是现象真实与本质真实的统一；既包括局部真实更要求整体真实，是局部真实与整体真实的统一；既包括静态真实，更要求动态真实，要从运动的现在看到运动的未来。所以，播音创作中的真实性，也应是全息的体现。它既包括播音员不读错字音、不播错内容，又包括播音创作情感表达的准确性和党的政策分寸的准确把握。同时，这种真实性还体现在形象的塑造、身份的把握等语言和副语言表达的各个方面。

坚持正确的播音创作道路，就要坚持播音创作中的时效性原

---

① 闫玉主编《中国广播电视学》第535页，中国广播电视出版社1990年9月出版。

则。这是由新闻广播电视宣传的时效性所决定的，因此播音创作也必须体现时效性。这一时效性的体现，一方面反映在播音创作活动的紧张性上，即准备的时间很短，不像其他艺术创作活动那样有充分的准备时间；一方面反映在新鲜感和时代感的态度感情的体现上。有时你的播音可能是按时播出去了，但是没有体现出新鲜感和时代感，也不能说你就很好地体现出了新闻的时效性。

　　坚持正确的播音创作道路，还要很好地把握创作环节的有序性和创作要素的协同性。所谓创作环节的有序性，就是指"深入理解——具体感受——形之于声——及于受众"，这个过程不能颠倒，不能割断。比如，不去深入细致地分析理解稿件，不去具体感受，就形之于声，就上口去播，这样的播音创作肯定是不成功的。至于有些急稿或直播，也并不是说就不要理解感受了，只不过是播音员，尤其是一些有经验的老播音员，由于根底深厚，广义备稿基础好，这一过程在瞬间完成罢了。这也说明这种有序性的开放性把握的特征，即广义备稿对狭义备稿的基础和支撑的作用。所谓创作要素的协同性，就是指播音的创作中各要素的相互协调统一。比如，语言和副语言的统一；声音和画面的统一。当然也包括感受与理解的和谐一致，理解与表达的有机统一。传播稿件内容同"接受"受众反馈的协调等等。

第六章 播音创作的分类

第一节 播音分类的意义和原则

一、播音分类的意义

所谓分类,就是"根据事物的特点分别归类"。播音创作的分类,就是根据播音创作这一事物自身矛盾运动所呈现出的不同特征对其进行划分归类。这种划分,对于充分认识和研究播音这一事物,对于增强研究的针对性和对象把握的具体化都具有重要意义。同时也可以使研究出的理论对播音创作的实践有更为具体、针对性更强的指导。

(一)分类是播音学建立的必然,也是播音学科成熟的标志之一。随着播音这一事物不断发展、成熟,播音创作系统内部各种要素的组合方式不断地建立起来,同系统外部的联系也日益增多,其各种运动规律和特点也越来越多地呈现出来,这一方面标志着学科自身的成熟,一方面也要求我们必须进行分门别类地研究,才能把各种特征和规律具体揭示出来。

(二)由于播音学科的边缘性和播音创作的多样性,使得分类在播音学的建立中显得尤为重要。这种边缘性和多样性,使得播音创作系统显得更为纷繁、复杂,各种规律和特征交织在一起,只有分类,才能清楚地认识其规律和特征。

(三)对播音创作分类,可以使播音研究对象进一步具体化,从而使理论的研究和实践的指导，更富有针对性。比如，分析播音语言的转化，有稿播音和无稿播音就不一样；研究播音创作的依据，广播播音和电视播音就不同。再比如，笼统地谈播音语速的问题是很难说清楚的。只有区别广播播音和电视播音、新闻播音和文艺播音、播报式播音和谈话体播音、50年代的播音和90年代的播音等等，才能说清楚。

二、播音分类的原则

由于播音学科的边缘性，创作系统的复杂性，创作过程的纷繁性，创作特征的多样性，在播音分类上就不能够简单孤立地采取一刀切了事的分类办法，而应该采取多视角、多分法原则，多层面、细分法原则。

（一）多视角、多分法原则。对播音创作系统的分类应该作综合的多方面、多角度的考虑，才能分清。比如，从创作过程来看，可以分为创作准备阶段和实际播音阶段；从创作矛盾主客体的两个方面，可以分为创作主体和接受客体两个方面；从传播媒介分，可以分广播播音和电视播音；从传播符号分，可以分为语言传播和副语言传播；从对节目的参与制作过程和语言表达形式上，可以分为新闻播音员播音和节目主持人播音；从语言表达样式上，又可以分为宣读式、播报式、评述式、谈话体等的播音；从播音文体上，还可以分为新闻播音、通讯播音、评论播音、对话播音、文艺播音等等。

（二）多层次、细分法原则。进行多视角分类后，也不能是分了一个层次就可以了事。比如，从传播媒介的角度可以分为广播播音和电视播音，但不能只到这个层面为止，还应该进一步划分。如电视播音，还可以分为口播、配音、采访、主持等等。口播又可以分为新闻口播和艺术类出图像播音等；配音，又可以分为新闻片解说、专题片解说，给专题片中人物配音等。

(三)边划分、边综合原则。由于播音创作各子系统构成的交叉性,所以其分类就意味着:对某个子系统的划分和同另一个子系统的联系。因此,播音分类,也就包含着边划分、边综合的内涵。比如,我们要划分出电视口播新闻这个类,就意味着一方面对电视传播系统的划分,一方面同新闻文体系统中一部分的联合,电视传播系统的一部分内容,新闻文体系统中的一部分内容,化合成为电视口播新闻这个类。这就说明,对分类的认识,不能把其简单地看成是切分,其中还包含一个分合联变的过程。只有这样,才能使我们的分类切合实际。

第二节 播音创作的分类

从第一节的论述中,我们可以得到这样的启示,这里的分类,只能是相对的(因为绝对的分类是无止境的)。根据播音创作矛盾运动的特点,至少可以进行以下划分。

一、从传播媒介和创作文体上划分

从传播媒介上,可以分为广播播音和电视播音。

广播播音,信息传递的渠道单一,播音员只能靠有声语言来传送信息,具有音声性。这种单一性和限制性,给播音员的声音质量、语言表达技巧都提出了很高的要求,同时也给播音员提供了无限广阔的创作天地,这种创造性,正是在这种限制中生发出来的。

电视播音,信息传递可以通过图像、声音、文字等进行,播音员可以用语言和副语言传递信息,具有声像性。这就要求播音员不仅声要过关,而且像也要达标,同时在声像的协调配合上只有具备一定的水平才能胜任。其播音创作的综合性尤为明显。

从创作文体上广播播音可以分为新闻(消息)播音、通讯播音、评论播音、对话播音、文艺播音，知识性、服务性稿件的播音，主持类节目的播音等。

电视播音，可以分为：口播、配音、主持、采访等。口播（即出图像播音），又可以分为口播新闻和口播专题等。配音，又可以分为新闻片解说、专题片解说、给专题片中人物配音等。主持，又可分为新闻类节目主持、专题类节目主持、综艺节目主持等。采访，又可分为新闻采访、专题采访等等。

二、从创造过程和创作要素上划分

从创作过程上，可以分为播音创作的准备和播音创作的表达两个阶段。其准备，既具有广义，又具有狭义。从广义上讲，包括修养的加深和素质的提高。从狭义上讲，包括：声音、形象的训练和塑造，创作素材（文字稿件，电视片声音、画面等）的理解感受，创作对象（听、观众）的设计确定。其表达，是创作准备的具体实现，它包括对自身声音、形象、情感的具体把握；对创作素材的综合转化；对创作对象的心理感知。这其中，也包括内、外部技巧的综合运用。

从创作要素上分。决定播音这一事物基本矛盾运动的可分为3大要素：创作主体（播音员、主持人）、创作素材（文字稿件、电视画面、声音等）、受众（听众、观众）。

三、从传播方式和语言样式上划分

从传播方式上，可以分为录播（事先录音、录像，然后播出）、直播（为保证其时效，不录音、录像，直接播出，播出和接收是同步的）。录播可以有一定准备的时间，创作过程即准备到表达，可以明显地展开。直播，有时来不及看一遍稿子，准备和表达过程处于共时状态，同步进行，综合体现。这就要求播音员平时要增强广义备稿的能力，提高自身的素质。

从对语言的组织和转化上，可分为有稿播音和无稿播音。无稿播音和有稿播音都有一个形之于声像（即语言和副语言）的问题，都需要对其规律进行很好地把握，都包含着创造性，没有高低贵贱之分。只不过是有稿播音更注重转化，无稿播音更注重生成。作为播音员或主持人，应做到"有稿播音锦上添花；无稿播音出口成章"。①

从语言表达样式上，可分为有声语言表达和副语言的体现。有声语言表达，又可以分为音质、音色的体现，如是高音、中音，还是低音；是浑厚的，还是甜美的等；可以分为不同的语体形式，如：宣读式、评述式、播报式、交谈式等；可以分为不同语言表达技巧，如内部技巧；情景再现、内在语、对象感；外部技巧；停连、重音、语气、节奏。副语言体现，可分为动态的展现和静态的体现。由于图像画面的运动是在时间上展开的，所以，所谓动态展现，是指播音员（主持人）通过面目表情和身体动作过程所展现出的信息。同时，副语言符号有时不通过运动，也可以传递信息，如播音员（主持人）化妆、着装等。

第三节　主要播音文体创作特征

本章的第二节论述了播音创作的具体分类。这一节仅就其中的几种主要播音文体形式和语言表达样式进行简要论述。

一、新闻播音

"广播电台、电视台发布的新闻通过播音员的有声语言传送出来的播音创作就称为新闻播音，这里特指消息的播音。"② "新

---

① 张颂语。

② 赵玉明、王福顺主编《中外广播电视百科全书》第139页，中国广播电视出版社1995年1月出版。

闻是新近发生的事实的报道。"① 同其他几种文体形式比，新闻对客观事物的反映是概述的，同时要求准确、及时，以体现出新闻的真实性和时效性。要播好新闻，就要求播音员和节目主持人具有新闻敏感，注意长期积累，了解宣传背景，把握方针政策。

在备稿和播音中，应注意寻找和把握新闻的新鲜点。新鲜点是"新闻稿件中的新闻事实及其具有现实意义的关键内容，也指重要的新闻要素。新鲜点着重体现在消息本身的新鲜之处，是播音员准备稿件时的工作要点，创作过程中的表达重点。"② 新闻播音的新鲜感也可以说就是播音员在新闻播音中通过有声语言和副语言所表达出的稿件的新意和播音员新鲜的感受和态度。播音员可以从新闻事实的内容及发生时间上，从消息反映出来的思想观点及表现手段、手法上等方面把握新闻稿件的新鲜点。从宏观上讲，播音员的政策观念、新闻敏感、知识结构决定着新鲜点把握的程度。具体来讲，就是一事物区别于它事物的独特之处，这独特正是在比较中显示出来。怎么比？第一，同一时期的不同事件。把处在相同时间内的不同事件进行比较，便可以发现它们各自的不同特点。这是横向比较。比如，在一次节目播出中遇到这样两条广播稿，一条是河南棉花丰收的消息，一个是山东棉花丰收的报道。同一时间里，都是棉花丰收的消息，如果不认真进行分析，很容易播得雷同。但如果认真分析比较后就会发现，山东的棉花丰收，是在去年丰收的基础上，今年又获丰收；河南的棉花丰收是在大灾之年夺得的。这样一比，在感情态度上就会有所区别：这两条消息都是赞扬的感情，前一条要体现出连年夺丰收

---

① 陆定一语。见康荫《新闻广播电视研究》第48页，广播出版社1982年1月出版。

② 赵玉明、王福顺主编《中外广播电视百科全书》第139页，中国广播电视出版社1995年1月出版。

的语气，播音时节奏轻快，语势上扬；后一条要表达出抗灾夺丰收的情感，播音中节奏稳健，语气坚定。第二，同一事件的不同时间。事物发展具有连续性，就是同一事件处在不同的时间也有其发展变化，呈现出不同特点。把这一事件在不同阶段的发展变化加以比较，就会找到其新鲜之处。这是纵向比较。比如，宣传我国空间技术的发展，卫星的发射成功，每次报道，都要力求找到这一事件的进展，寻找新的发展、新的特色。比如：新华社消息，我国成功地发射了一组空间物理探测卫星。这是我国首次用一枚运载火箭发射三颗卫星。卫星准确入轨，各系统工作正常，正不断地向地面发送各种科学数据。这里，一枚火箭发射三颗卫星，正是这条消息的新鲜点。它反映了我国卫星发射这一事业的新进展。播出时应将这一新鲜点作为重点突出出来。在突出时充分体现新鲜自豪兴奋喜悦的情感。在比中求新时，还应注意深中求新。如有的消息只是一数字或名字，但深入挖掘，就会发现其新意。如果单从数字和名字的表面去播音，只能是把这些数字和名字平淡地念出来，很难体现出深意和新意。

新闻播音还要注意把握好分寸感。所谓分寸感，是指播音员在播新闻时通过语言所体现出来的态度、感情必须符合党的政策的尺度，既不能不够，也不能过火。这就要求播音员必须熟悉和领会党的路线、方针、政策，从整体全局的角度，用发展眼光观察报道各类新闻事件。

新闻播音还具有表态性。所谓表态性，就是播音员在报道新闻事实时，必须鲜明地表达出自己的态度。这一方面是由于新闻报道本身具有表态性，另一方面是由于有声语言本身具有表态性。播音员在传达祖国建设捷报时应有自豪喜悦之情；在揭露社会上的丑恶现象时应体现出批评的态度。有人说，我们的电台曾经报道过两伊战争不是也采用公正、客观的报道方式吗？我们认为，公正、客观并不等于无态度，并不等于我们对待这一事件的立场观点不鲜明。我们的公正体现在我们不偏向任何一方,我们的客观,反映在尊重事实,如实地报道战争的情况及双方的伤亡;同时,我们的公正还体现在我们站在维护世界和平的立场上,谋求世界和平。所以我们的态度是不赞成他们打下去,希望双方尽早结束战争,而且这一态度是鲜明的。因此,播音语气也应体现出对双方伤亡表示遗憾的内涵,而不应是纯客观或冷淡、漠不关心的语气。就是播出一些已经发生的现在尚未得到解释的自然现象时,也不应采取所谓"纯客观"的态度,而应是站在辩证唯物主义和历史唯物主义的立场,怀着探求自然奥秘的热情来播送。这些都说明,新闻播音的表态性,不仅出现在表扬或批评性稿件中,而是贯穿于整个新闻播音的始终,其色彩是丰富的,其表达是多样的。

新闻的真、快、新的特点,使得新闻播音语言也呈现出自己的特色。新闻播音的语言以叙述、报告为主,以实声为主。具体表现在:

1.字音准确,音色纯正。新闻播音比其他文体的播音对字音的准确度要求高,包括一些零声母的发音都应到位、准确。同声应选择自如声区中部,音量不宜过大,要用小实声。

2.声音明快,语言干净。新闻播音要给人快速新鲜的感觉,声音不能沉闷,句尾不能拖沓。比如:"新华社报道"这句话里,"报道"两个字只能占半拍,表达时要干净利落,而且要快收,给人以新鲜振奋的感觉。

3.语义连贯,语句流畅。新闻多为叙述性语言,应多连少停,以体现其及时迅速,单位时间内,给人以更多的信息量。比如:"国务院有关部门负责人,今天就台湾当局开放台湾同胞到大陆探亲一事,向新华社记者发表谈话,指出▲台湾当局采取这一措施对两岸人民的交往是有利的……"这段文字中有三个逗号,播音时不能受其限制,应连起来,而在"指出"后(虽然此处文字没有标点)稍加停顿。这样表达,语义清楚、连贯,语句流畅、自然。如果按文字标点停顿,有声语言的语句就掰"碎"了。

要做到语句流畅,要求重音的选择少而精。重音过多,势必拖沓,影响语速,使语句表达难以流畅。例如:"现在人们说中国发生了明显的变化,我对一些外宾说过,这只是小变化。翻两番,达到小康水平,可以说是中变化。到下世纪中叶能够接近发达国家的水平,那才是大变化。到那时,社会主义中国的分量和作用就不同了,我们就可以对人类有较大贡献。"[1] 播这段话时,很容易把"明显"、"大"、"中"、"小"、"翻两番"、"分量"、"作用"、"较大"等都作为重音强调,这样势必影响语句流畅。其实,在播这段话时,首先应找一个立脚点,就是"变化还小",即使是"大变化"也不必夸大。关键是一旦强大了,就能对人类作出较大贡献。这样实事求是地理解后,就不必在每句话里都"死"找重音强调,而只是将几个次重音:"明显"、"小"、"中"、"大"等融在语气里自然说出,不必"死抠"。后面一句的开头"到那时",则可以作为重音强调,播时语气稍加扬起,后边"社会主义中国的分量和作用"等不必扬起、突出,因为我们只是表达信心和力量,并不是自夸和吓人。如果把"社会主义"、"分量"、"作用"等等都加以强调、突出,则显得平均用力,效果适得其反。

要使语句流畅,句尾不能下坠。句尾下坠,就阻止了语句的行进和流动。所以,新闻播音在一个意思没表达完,即使换气和停顿,句尾也不能"往下掉"。例如:"南京晨光机械厂党委既注意对青年职工的疏导教育,又重视改进自身的工作,加上严格的

---

[1] 邓小平会见外宾谈话。

行政管理和必要的经济手段,全厂精神文明建设扎实、深入,三千多名青年职工人人争做有理想、守纪律的模范。"① 在播这条消息时,在"自身的工作"和"经济手段"后面,句尾都下落,会给人以终止感,这样就影响了语句流畅,而这两处恰恰需要句尾上扬,以推动下一句行进。

二、通讯播音

通讯播音,是播音员以真实的情感体验,具体、形象、生动地报道新闻事实的一种播音文体。通讯播音和消息、评论等播音文体比,具有很强的描绘性和抒情性。同时通讯播音还具有综合性特点,即叙述和议论兼而有之。通讯播音在准确、鲜明的基础上,较为强调表达的生动性。在语言表达上有以下特点。

1. 气息控制形式多样。通讯播音情感变化细腻、丰富,气随情动,这种情感变化的丰富性决定了气息控制的多样性。播音员可以利用口及气息的深浅、呼气的强弱、呼吸的快慢、腹肌的弹动、倒吸气、蓄气、憋心、就气、叹气、补气等多种气息控制方法,以及气息经过口腔、鼻腔的擦音等使声音富于多种色彩的变化来体现出特定的形象、气象和感情色彩。

2. 吐字发音方法多变。消息和评论要求字正腔圆,通讯在字正腔圆的基础上更强调多变。通讯播音语言的吐字刚柔、松紧,发音位置的前后对比,声音的强弱、虚实变化,在通讯播音中体现得较为明显。通过这样的对比,使通讯中描绘的情、景、物更加生动,形象之间的对比更加鲜明。

3. 停连、重音等位置确定灵活。通讯播音的停连重音,主要是通过感情的运动体现出来,每个人播音时的内心依据不同,感情体验不同,其停连的位置和重音的选择也会不同。甚至同一

---

① 中央人民广播电台新闻节目播发稿。

个、同一篇稿件,这遍播和下一遍播,也不完全一样。这一点同消息、评论播音的停连、重音位置的确定很不相同。

4. 语势曲折,语气节奏变化幅度大。通讯播音不像消息、评论播音那样节奏平稳。通讯播音由于其感情细腻、浓重,具有描绘、抒情的特点,语势多呈曲折,感情大的对比度,使得语气节奏变化幅度也大。所以,通讯播音语言应注意从整体上去设计和把握其变化,什么时候是语言节奏变化的开始,什么时候到达高潮,都应心中有数。

5. 通讯播音要具体、形象、生动,要求播音员要展开丰富的联想和想象,注意形象思维的运用,要全神贯注,深入感受,言之有景,言之有情,言之有物,言之得法。

6. 人物通讯播音。要脉络清。要联系宣传背景,抓住人物精神实质,主动热情,态度鲜明,感情饱满。注意通过揭示人和自然、人与人、人物内心等矛盾,刻画人物形象。要善于通过对人物外貌、语言、行为、表情、动作、心理、活动、与周围人的关系等的描写,体现人物特征。人物语言的表达,不宜扮演,应用转述语言样式。这转述应生动、传神,力求"神似"。

7. 事件通讯播音。事件通讯是以报道典型事件为主的通讯。它通过详细描述事件发生、发展、变化的全过程,特别是通过一些感人的情节、细节描写,说明问题,表达思想。事件通讯播音要注意稿件结构,事件发生发展变化的逻辑关系和稿件自身的逻辑关系。注意体现其倒叙、插叙的写法,起、承、转、合的关系。事件通讯播音要抓住有典型意义的情节、细节予以突出,避免平铺直叙。同时,还要注意由事见人,由事言志,由事传情,体现出人的精神面貌,表现其鲜明的态度和思想感情。

8. 风貌通讯播音。风貌包括自然景观和社会概貌。风貌通讯报道的范围十分广泛:新气象、新风尚、新面貌、新变化。此类通讯,既具新闻性,也富有知识性、趣味性。风貌通讯播音的感情要新鲜亲切，舒展自如。要把握时空交错的逻辑顺序，注意加强针对性，避免播得散。

9.经验通讯播音。这类通讯也叫工作通讯，它直接反映和指导当前实际工作。经验通讯生动具体地记叙和分析在贯彻党的纲领路线、方针政策、完成党和国家各项任务的实际工作中，出现的经验和问题。经验通讯播音应注意加强针对性，注意从中提炼带有普遍规律的东西予以强调。强调其指导意义时，语言表达应避免生硬地说教。还应注意其表达的形象性和生动性，以其感染力体现出指导性。

10.录音通讯播音。录音通讯是指在通讯播音中适当穿插实地音响或被采访人物的讲话录音。在录音通讯中，播音仍起主导作用。播音员在与音响、被访人物声音配合的基础上，仍应注意把握整个节目的主题、目的、重点、基调。在具体配合时，应注意情绪、气氛、节奏的协调统一，把握好整体的和谐、流畅。如果播音员来不及听有关音响和声音素材，播音员应根据经验，激发创作想象，求得和谐统一。

11.配乐通讯播音。配乐通讯播音应以播音为主，音乐为辅。音乐根据内容需要起烘托、渲染气氛的作用。播音员也可以利用音乐调动感情。在与音乐的协调配合上，应发挥主动性，语言表达"出"、"入"，应注意"渐进"、"渐出"，防止"闯入"。整体用声及表达状态比不配乐应显得稍淡些，要注意整体和谐美，要考虑到音乐的表现力，给音乐留以表现天地，给听众留以想象和创作的空间。

12.不同节目中播通讯，也应有所变化。在新闻节目中播通讯，应注意其新鲜、时效；在专题节目中播通讯，应注意深入、细致；在主持栏目中播通讯，应注意质朴、自然。

三、评论播音

评论,主要"运用说理手段,通过对事件或问题的政治的思想的分析,旗帜鲜明地阐述对该事件或问题的见解和主张"。[①]"广播电台或电视台播发自己撰写的评论或其它来源的评论时,通过播音员的有声语言表达出来,称之为评论播音。"[②] 评论的核心问题是论理,根本目的是揭示客观事物的本质,指导人们的行动。评论播音要逻辑严谨,态度鲜明,分寸得当,质朴庄重,重音坚实,语气肯定,节奏稳健,张弛有致。

1. 直抒胸臆、态度鲜明。播音员在阐述自己的观点,论证自己所讲的道理时,其心理状态应是:"我有理。"自信心要强。支撑什么,反对什么,语句中所体现出的态度要鲜明,不能含混。这样的心理状态和感情态度,使得评论播音语言具有"穿透力"。

2. 语气肯定,重音坚实。在上述心理状态和体验的基础上,评论播音的语气应是肯定的、果断的,语势一般呈波峰形和下山形。如果说,消息的播音是因事明人,通讯播音是以情感人,那么评论播音便可以说是以理服人了。因此,对自己所讲的道理应充满信心,语气不能呈现犹豫、商量的色彩。播音语言表达中,重音的突出方法是多样性的,而评论播音语言表达中,重音一般采取重读的方法来强调,以增加其坚实性和语言的"穿透力"。

3. 停连精恰,节奏稳健。评论播音要体现出鲜明的逻辑力量,其语言表达的逻辑链条要环环紧扣。什么地方停顿,什么地

[①] 引自《广播电视简明辞典》第80页,中国广播电视出版社出版。
[②] 赵玉明、王顺福主编《中外广播电视百科全书》第140页,中国广播电视出版社1995年1月出版。

方连接，具有一定的规定性。它不同于通讯播音里停连，依感情的变化那样灵活多变。所以评论播音中停连的位置一定要认真分析，选择精恰。评论播音语言的节奏，不像通讯播音语言那样大起大落，变化多样，也不像消息播音语言那样轻快，而是比较稳健的。

4．多用实声，气息饱满。通讯播音有时采用虚声或虚实结合的语言表达方法，评论播音为体现出语气的肯定和论理的坚定，多用实声而尽量不用虚声。"理直气壮"，评论播音在气息控制上强调饱满有力，以增强吐字的力度，更好地为论理服务。

5．把握政策，分寸得当。评论播音的内容，许多是对当前实际工作的指导，在论述某一点，分析某种情况，批评某一现象，揭露某一问题时，要了解熟悉有关政策，按照政策要求根据实际工作，分清轻重缓急，分出层次，强调有度，分寸得当。

6．设问、反问句的表达。评论中经常出现设问和反问句。设问句一般表达规律是：疑问词加重提起，句尾下落。比如："怎样才能学会游泳呢？具体做法是……"反问句的表达一般是句尾上扬，加重反问词。比如："难道不是吗？"

7．引语和括号内词语的表达。评论中经常引用一些词语来说明观点。这些引语可采用宣读式的语言表达方式，播读时，速度适当放慢，语句力求平稳。

四、对话播音

对话播音是由两人或多人按特定人物要求进行交谈的一种播音创作形式。对话播音的内容主要是阐述党的方针政策，传播科学知识，介绍先进经验等。对话播音要对人物和语言环境进行设计，交流双方在语言表达中要遵循语言交流的规律，要有听想说这一过程的展示，以交谈、讲解的语言样式为主。

对话播音要求双方共同准备稿件，设计人物和语言环境。

对话播音的基本要求是：像说话，对起来。像说话：生活中人们交流起来都很自然，播音员要把稿件文字说得像生活中那么自然并不容易。像说话首先就要求播音员把稿件上的文字变成自己要说的话，消化吸收。同时注意把握生活语言的规律。对起来：是指对话双方要交流。只要双方认真交流了，听众也就听明白了。在交流过程中要注意把握听、想、说这一交流过程的规律。日常生活中交际双方听、想、说的过程是下意识地体现的。播音时，因为有稿件，很容易忽略听、想、说这一正常言语过程。所以对话播音时，播音员应主动把握这一过程，交谈时，不应总看着自己的稿子念，要像真的一样去"听"对方谈话内容，真去思考和判断对方提出的问题，并把这一思考和判断的过程体现在对话语言中，这样对手之间就容易相互激发，相互配合，成功地对起来。在对话过程中还要注意两人情绪一致，不能一方冷、一方热。

对话播音还要进行两个设计，即设计人物，设计语言环境。①设计人物。对话播音，不是两个播音员"轮播"，而是两个特定人物的交谈。播音员的身份是根据稿件内容假设的具有某种特定身份的人物。但是，通常稿件上所给的人物往往很不具体，通常是用"甲"、"乙"、"男"、"女"区别人物。这需要播音员根据稿件内容，对人物身份和人物间的关系进行具体设计。比如《怎样预防痢疾》这篇对话中，稿件上所提供的人物身份仅是"甲"、"乙"。为使稿件播得生动，并富有针对性，可设计对农村广播。甲乙可设计为两个具体人物："张大爷"和"小英"。我们可以把"张大爷"设计成是一位五十多岁、性格爽朗的、助人为乐的农村老大爷；把"小英"设计为一个20多岁、性格开朗、待人热情、有一定医疗知识和水平、对工作认真负责的农村医生。两个人的人物关系可以设计为：同住一村，彼此熟悉，往来较多，大爷喜欢小英，小英尊重大爷。这样的人物关系，为双方亲切自然的谈话提供了依据。②设计语言环境。人物交谈都是在一定的时间和空间内进行。不同的时空环境，对人物谈话的语气、节奏、情绪等都有影响。稿件一般不是提供语言环境，播音时应自行设计。设计分时间环境设计和空间环境设计。比如《怎样预防痢疾》时间环境可设计为一天晚饭后；空间环境可设计在大爷家。

五、文艺播音

文艺播音是把文艺广播文字稿件转化为有声语言的一种艺术再创造。文艺广播稿件形式多样，这里我们要研究的是串连词、解说词、评介稿的播音。这些串连词、解说词和一部评介稿的播音是不能离开文艺节目录音而独立存在的。常见的有电影、戏剧、广播剧解说以及歌曲、音乐和戏曲介绍的播音。这里不包括小说、诗词、散文等的演播。

文艺播音要求播音员对听众所介绍的文艺作品的内容、主题、艺术形式、特点风格要有较深的了解，积极展开形象思维。其活跃的形象思维贯穿文艺播音创作始终。播音员以介绍者身份出现，在节目与听众之间起到桥梁作用，引导听众更好地感受作品的内涵。文艺播音要求播音员的语言及情感表达，要同音乐、歌曲、戏剧及影视剧内容协调一致，使整个节目和谐统一。

具体到语言的表达上，要注意把握语言的隐入和隐出。文艺播音中，音响素材要和播音员的语言混播，当播音员的话进入正在行进的音乐素材时，要把握语句的"渗入感"，即轻轻地隐入；当播音员说完话时，又要悄悄地隐出。这样才能保持和谐一致。比如介绍《听，国旗的飘扬声》这首歌曲，开头是（音乐起＞）混播："朝霞冉冉升起，东方透出微明……那是妈妈在叮咛。"播音员在音乐响起后朗读歌词时，头两个字"朝霞"出口要轻，感情也要先"收着点"，待说到"冉冉升起"时，再将声音和感情逐渐放开。在播到歌词的最后两个字时，也要将声音逐渐放轻。要防止"楞进"、"楞出"的现象，从而体现其和谐一致。

在文艺播音中，播音员要注意运用语言表达的形象感、动作感激活文字稿件的内容；注意用自己内心丰富的情感体验，去点燃听众情感的火焰。

在文艺播音中，语言基调要随音响素材的变化而变化，同所介绍的内容吻合统一。这里，一方面有一个总的基调的把握。比如介绍一部电影或一出戏、一首歌曲，总的基调是欢快的，就应首先把握住这一总的感情色彩。同时，在节目进行中，基调会有所变化，解说时，也应有所变化。在解说电影、戏剧人物的内心活动、动作时，也要根据每个人的性格基调的不同而有所变化，体现人物间的差别和特点。

在文艺播音中，要根据语言的不同作用，把握不同的言语样式。在一次节目里，有时以播音员的话为主，有时以音响素材为主，播音语言在不同情况下，作用不同，所以言语样式的把握也不同。

当节目中以播音员的话为主时，播音员要"站出来"直抒胸臆。可运用抒情、议论等多种语言表达样式。此时，音乐素材等是为了烘托、陪衬、证实播音员的表达。

当以录音素材为主时，播音员的话处于从属地位，为其铺垫、引路，或是解释说明，语气、节奏可较为平淡、和缓，只要能适应录音素材情绪的变化即可。在以录音素材为主的情况下，还可以进一步区分。一般说，播音员的话先于录音素材，是铺垫、引路的作用；后于录音素材的起解释说明作用。

文艺播音的语言表达样式多用介绍、讲解、抒情、描写、议论、评介等。

六、知识类、服务类稿件播音

知识类、服务类稿件的播音,主要是指各类知识的介绍、各种信息的介绍,节目的预告、天气的预报等等。其语言表达的特点应是以介绍说明为主,亲切、朴实、自然。知识性稿件播音,不像通讯播音那样运用以描述为主的语言去塑造生动的形象,表达某种思想感情,也不像评论播音那样通过论述为主的语言去论证某种事物,表明态度和观点,而是主要通过说明性的语言向人们介绍事物的特征及其规律。比如,《柳树的作用》一文,前两个自然段中稿件运用了较为华丽的文字语言描绘柳树的形象,而在播音语言表达时,对这两段不应渲染,而应该把重点放在后面的段落上,介绍和说明柳树的作用。这篇稿件中有这样一段话:"柳树枝干坚韧,耐水湿,不怕风吹浪打,即使洪水淹没树顶数月,也能安然无恙,是一种十分理想的防浪护岸的树种。"播音时应把重点放在"防浪护岸"上,次重点放在"耐水湿"上。"不怕风吹浪打"之类的句子,则不必渲染和突出。因为这并不是散文,不是要求去体现柳树生命力强的性格,播出目的也不是为了从社会意义上启发和引导人们学习柳树的品格,而是要让人们知道柳树在自然属性方面实实在在的用途。用说明为主的语言样式和朴实自然的语言清楚地介绍柳树的用途是我们的播出目的。

知识性稿件常用下定义的方法说明事物,播音时应注意运用说明性语言把定义表达好。由于定义语言简炼,内涵丰富,播定义时,应注意用加重放慢的方法强调。如果定义句子较长,应注意恰当地运用停连技巧。比如:"未来学▲是预测▲社会与科学技术发展变化,研究▲科学技术与人类社会相互影响、相互关系的▲一门综合性学科。"

知识性稿件常用数字说明事物,播音时应把数字读慢些,并加以强调。比如:"一般说,熨烫棉布衣物时,温度应是190℃;熨烫麻布衣物时,温度是160℃,熨烫丝毛衣物时,应是130℃,熨烫丙纶、氯纶衣服时,应是80~90℃"。把这几个数字表达清楚了,人们才能掌握熨衣服的要领。

要较为清楚说明介绍某一事物,应注意对比重音的运用。比如:"柳树还有其他用途,它到了化学家手中,能炼出火药;在医学家手中,可作接骨材料;在农学家手中,是嫁接的天然保护套。"这里,"化"、"医"、"农"形成对比,作为次重音稍加强调;"火药"、"接骨"、"嫁接"也形成对比,作为重音强调。这样,柳树的一个个作用就讲清楚了。

知识类、服务类稿件播音语言表达要亲切自然,语气交流对象可设计具体些。比如《怎样培养孩子良好的饮食习惯》这篇稿子,光把交流对象设计成年轻的爸爸、妈妈还不够,还应具体细致些。例如有这么一对年轻的夫妇,他们有一个男孩,平时不惜花钱给孩子买高级营养品、零食、饮料等,还有一些广告宣传的能使孩子聪明的食品,以为这样能使孩子健康、聪明,却忽视了孩子日常食物的合理供给。把对象设计得较为具体些,播讲时针对性可以加强。避免语言空泛,语气也会显得亲切自然。

七、主持人节目播音

"广播电视主持人节目是众多节目中的一种形式。这一节目形式中,主持节目的人就是节目主持人。节目主持人是节目(或栏目)的出声、出面的组织、驾驭者,以有声语言为主干或主线。要以真实的、比较稳定的身份为听众观众服务。"[①] 主持人

[①] 赵玉明、王顺福主编《中外广播电视百科全书》第143页,中国广播电视出版社1995年1月出版。

节目播音是"以节目主持人的身份在固定的广播、电视栏目或节目中对听众、观众进行的播音创作活动"。①

主持人节目播音，要求主持人应具有较高的理解、组织、创造力，较深的文化功底，较强的语言组织和表达力。主持人播音的语言应规范，用气发声、吐字归音应训练有素。要懂得和善于运用有声语言的各种表达规律和方法。主持人语言以交谈、评述式为主，要质朴、热情、亲切、自然。主持人语言及形象要有鲜明的个性，但不是角色的扮演，不同于电影、戏剧中人物塑造。是个性化的语言，不是角色化的语言。

主持人语言功力、语言表达能力和水平，直接影响节目质量和主持水平。主持人语言功力应包括：有稿播音"锦上添花"，无稿播音"出口成章"。

主持人无稿播音能力是指运用口语表达思想感情的能力。口语能力是主持人综合能力的体现。"一次口语过程，意味着一次复杂的生理和心理活动过程。首先说话要有动机，它指大脑思维的蕴蓄阶段，一般称为内部言语，即动机、意向。大脑为了将动机、意向更加明晰，而迅速选择合适的词语，并把它们组织成句子，这些句子被一定的语法规则组织起来，然后迅速通过发声器官表达出来，成为外部语言。一次口语表达就这样完成了。"②主持人口语能力包括内部言语生发能力、语言快速组合能力、有声语言表达能力等。内部言语生发组织能力是指在临场发挥中即兴产生的动机、意向。也称语言信息点。主持人应具有捕捉这些信息点的敏感和能力。"这些信息点是压缩的、微小的，主持人

---

① 赵玉明、王顺福主编《中外广播电视百科全书》第143页，中国广播电视出版社1995年1月出版。

② 张颂主编《中国播音学》第475页，北京广播学院出版社1994年10月出版。

此时要在短暂的时间里进行分析、归纳、综合以及生发想象。从而初步形成较为连续的、单向的意义排列。也就是语言的最初原始形态。它呈（是）连续的、成串的词组，带有一定意义的内部言语。"① 这些内部言语有了一定的主题想法和片断、松散的语言组合基础。还须具有语言快速组合能力，将其扩展、充实、放大成一定的句式表达出来。在扩展过程中，又会受到环境、对象、词汇储备等多方面因素的影响使内容不断丰富、展开。语言表达能力是内部语言的外部表现，是指把内部语言经过快速组合后成为连贯的意思准确、鲜明、生动地表现出来的能力。它包括语音是否准确、声音是否清晰、内外部技巧运用是否得当。

主持人语言表达是在一定的时空内进行。这时空主要有语言表达的语境和所处的时空环境。这语境和时空环境应是动态的。主持人语言表达应主动适应这运动着的语境和时空环境。

在即兴表达时，主持人要注意认真倾听对方谈话，注意捕捉话题，根据现场变化灵活处理，借助现场情景气氛调整变换言语方式，围绕中心话题及时选取组织材料。

有稿、脱稿形式的主持人播音，要求主持人把文字稿件转化为"自己要说的话"的口语形式。准备提纲时，应将一些数据、名称、主要观点记下来，以保证其表达的逻辑性和其内容事实的周密、严谨。

在具体主持技巧上，主持人应注意把握话题，了解结构，把握受众心理，语言表达用词用语恰切，力求精炼，尽量减少信息损耗，克服信息冗余。应注意把握节目主持语言个性化、交谈式的特点，注意体现出节目主持的整体性、接近性、主动性和情感性特征。使节目主持人的播音语言创作真诚、平等、切境、得

---

① 张颂主编《中国播音学》第475页，北京广播学院出版社1994年10月出版。

体。

八、电视口播新闻

电视口播新闻是指播音员出图像并运用有声语言直接向电视观众报告新闻。

电视口播新闻在用声上基本与广播新闻播音相同。播音员在化妆上应注意清淡自然，穿戴大方以体现新闻的真实性。

口播新闻，一般采用讲述和报道的语言样式。播音员和观众"面对面"地说，用声状态比电台报道新闻更松弛些，语气更自然、口语。这样便于缩短同观众的距离，增强亲近感。口播新闻时，副语言也在传达着信息。电视播音应注意副语言的运用，注意有声语言和副语言的相互协调、互相配合、有机统一。由于有副语言的配合，观众不仅可以听到播音员的播音，而且可以看到图像，所以播音语速比电台播音速度要快，每分钟可以到280字左右，以加大单位时间内信息传播的数量。由于有副语言的配合，其重音突出、情绪转换、层次划分都可以通过副语言的帮助来实现。语言尽量做到流畅、连贯，重音、转换等可不必单去用声音强调。比如"上梁不正下梁歪，下面的不正之风往往跟上面的某些领导有关。"这句话"领导"是重音，电台播音用加重声音的方法将其突出出来；电视口播新闻这句话时，播音员可以不必用加重声音的办法强调，而应运用体态语强化"领导"这一重音。即在说到"领导"几个字时，抬头与观众交流，并在交流中表明自己的态度，这样同样可以把重音很好地突出出来。电视口播新闻的语言表达，更多地运用"连"的技巧，一般不宜出现过多、过长的停顿。有图像，连得紧一些也不会显得急，而过多停顿，或停顿时间过长，反而显得"碎"和"干"。

口播新闻的有声语言和副语言（体态语）配合应得当。在什么时候抬头交流是有规律可循的。比如：

1．提示性交流。如播消息的导语或消息来源等关键地方应抬头交流。比如："新华社消息"，应抬头与观众交流，不易低头去念，以示把下面的消息内容推荐给观众。

2．强化性交流。即为了突出某一重点，为强化某种感情，而采取抬头交流。如："我国成功地发射了一组空间物理探测卫星。这是我国首次用一枚运载火箭发射三颗。卫星准确入轨，各系统工作正常，正在不断地向地面发回各种数据。"其中"一枚火箭发射三颗卫星"是这条消息的新鲜点，也是重点，所以，"发射三颗卫星"一播出，就应抬头与观众交流，以强化这一信息重点。再比如："高邮乡的农民为庆贺大灾之年的丰收，敲锣打鼓，燃放鞭炮。"这里，"燃放鞭炮"之后应抬头与观众交流，以强化喜庆气氛。

3．区分性交流。在层与层、段与段之间应有交流，以区别意思。

4．总括性交流。在稿件结尾，对全篇起概括的句子播出后应抬头交流。

随着电视传播设备的不断完善、更新，目前许多电视台在口播新闻时都采用提示器，播音员不必再去低头看文字稿纸。但有时有急稿，有重大文告、较长文章、还有未有提示器的一些基层电视台，认识和了解上述规律，以利应用。

电视口播新闻采用提示器播音交流，应注意进一步培养对象感。播音员坐在演播室面对摄像机和提示器，此时虽"目中无人"，却要努力做到"心中有人"。这就要求播音员始终感觉到是与观众"面对面交流"。感受到"眼前"观众的反馈，使无声语言的表达更加具体、明确、亲切、自然。"眼睛是心灵的窗户"，电视观众对播音员既"听其言"，又"观其眸"。提示器采用后，播音员的眼神都集中到了提示器光屏显示出的一行行字幕上，容易造成眼里有字，眼中无人。应设想提示器后的摄像机镜头——

"观众的眼睛"始终有着对信息的期待。这样,眼神才能"活"起来。同时运用注意视角、视幅、视线的合理调控。视角呈下视略偏下为宜,使观众感到:这是对我叙述。视幅较宽,就可避免因看提示器文字而显得呆滞,或眼珠流盼转动情况。选择短而软的视线,可使观众感到诚意和值得信赖。双人播时,两人视角应合理调节、趋于一致。用电脑字幕提示器,按键节奏要适中,应与播音节奏配合,避免过疾过快、过缓过慢。过快,会使播音员情绪紧张,语速加速,语调僵硬,左顾右盼,顾此失彼,影响内容及形象;过慢,播音员的形象容易出现懈怠和停滞状态。要与导播、摄像等协调一致,保证整体创作的和谐统一。

电视口播新闻应遵循规范原则。其中包括语言和副语言及对象感的确定等各方面。中央电视台播音员李瑞英认为:在语言表达方面,应尽可能使语言口语化;尽可能使用短句子,尽可能使每句话"叙事"并少带饰辞,在稿件不能改动的情况下,通过恰当的断句,将长话短说。在副语言表达方面,李瑞英认为:作为一个"单纯的"信息的叙述者和传播者,表情过于丰富、过度起伏、过分夸张都可能损害传播效果;同样,表情呆板冷漠,就会因拉开了传播者与受众之间距离而产生类似的后果。看来最好的对策恐怕还是使面部表情显得平和为好。衣着正式考究乃是提高新闻播音员的这一"消息来源"的可信度,加强其真实感的一个必要途径。"淡抹"强于"浓妆"。播音员总在强光下工作,不恰当的浓妆艳抹,轻则分散观众注意力,重则引起人们反感。电视播音员在镜头前不要以取悦观众为理想,而是应以不让人们产生反感或抵触情绪为目标。李瑞英认为电视播音的高境界应是:"既然电视新闻的观众大体上是同质的或一般的,既然从技术上讲在短时间内频繁变换播音方式是不可能的,既然人们收看新闻的目的主要是为了获取信息,既然演播室不是播音员自我表现、取悦观众的舞台,那么电视新闻传播者的传播基调也就随之被决定了：客观准确地播送传输信息，即采取所谓的规范化播音战略。而播音员声像再创造，恰恰集中体现在整个传播过程中的各个环节之上：对来自间接传播者的语言符号的'精加工'，对类语言符号的恰当把握，对非语言符号的正确运用。总而言之，是电视播音中突出内容、'退隐'自我，进而使因播讲方式的变换或不稳定而引起的'噪音'或干扰降低到最小，恐怕是电视播音的最高境界。"[①]

九、电视新闻片解说

电视新闻片解说，就是播音员给电视新闻画面图像配音。电视新闻片声画结合，以画面为主，声音为辅，声音服务于画面。声音服务画面并不都是单一的，也不总是从属的，而应是多层次的、多样式的，有时声音和情感对画面具有领起作用。所以应考虑到声情有时的积极主动性，整体配合性。由于声画配合的关系，使得解说语言具有跳跃、插入、领起等特点。

解说语言的准备。电台播新闻或电视口播新闻都一气呵成，而电视新闻片播音要"等"画面。所以，仅就有声语言这个系统来看，播音是不连续的，时播时停，时快时慢，依据是新闻画面。因此，在备稿时，分清层次很重要。在镜头与镜头转换之间，要播出语气转换，就必须划分好层次。对每一个层次用最简炼的一两个字点出其特点，指出运用什么语气转换，并标出停顿的时间。

解说语言的表达。由于有画面，解说语言可比口播新闻稍淡。语速应随画面不同而有所变化。重要部分要注意与画面"对得上"，比如主要领导人的名字与人像等。由于时效性的要求，

[①] 张颂主编《中国播音学》第420页，北京广播学院出版社1994年10月出版。

不可能每条新闻都有时间去精细准备。有些新闻把握整体语言、情绪和画面的对应即可。重音的强调也应根据画面情况而定。画面上已有的则不必过浊地突出。总之，应从整体上（一些重要消息则再深入到各个层次上）求得声画的和谐统一。

十、电视现场采访和现场报道

电视播音员经常走出播音室，手持话筒以记者身份进行现场采访，展开现场报道。

电视现场采访应注意举止大方、仪态端庄、热情自然，融入环境。

采访前，应写好采访提纲，打好腹稿，熟悉采访导语，尽可能多地了解采访对象、背景材料等各方面情况。

采访时，要说好采访导语。导语采用介绍式的语言，语速稍快，但要清晰、流畅，使人感到播音员对所要采访的内容、对象、背景、地点都非常熟悉。把握采访导语时，要语气肯定，有总括感和主持感。否则会给人们站在那里背台词的感觉。

与采访对象交谈时（除特殊对象外）一般要热情，防止冷漠的态度、语气。

采访时，要有随机应变的口头表达能力。比如，有的采访对象不善于表达自己的思想。此时，就要耐心启发、提示，向其提一些和采访内容有关的较为具体的问题，以引起他谈话的兴趣。有的采访对象很能讲，滔滔不绝，当时间不允许或已偏离主题时，就要寻找机会巧妙地打断他的话。可以在插话时先顺着他的话往下说一句，以便自然地把话题接过来，不给人以生硬的感觉，然后话题一转，提下一个问题。如果有的采访对象有地方口音，则需要在关键词语上和最难懂之处适当帮他重复一下。如果遇到某些专业术语，可以请被采访者加以解释和说明。

现场报道就是播音员或主持人以采访者目击者身份进行出图

像的报道。按播出时间区分，现场报道可分为现场直播和录像播出。现场报道应注意把握其纪实性，增强其报道的真实感。报道者应注意把握事态发生、发展过程，在现场边观察边报道。现场音响效果和讲话同期声是现场报道不可缺少的因素，报道应在现场基本完成。报道时，报道者对新闻事实起因作简要介绍，然后，随着报道内容转入现场事态状况。为了进一步揭示现场状况，报道者可进行现场采访。在现场报道中，应注意把事先准备的了解的内容和现场变化中出现的新情况有机统一起来，不断向深度、广度挖掘素材。在语言表达时，应注意和现场场景有机地统一起来，注意揭示和解释现场图像不易说明的内容。

十一、电视专题片解说

电视专题片解说即是播音员在画面外为电视专题片所作的解说。

电视专题片以真实性为基础，同时制作精细，画面讲究，又有很强的艺术表现力。所以要求解说语言又要具有一定的艺术性。

电视专题片涉及题材广泛：经济、政治、科技、文化、教育、体育、军事、历史、地理、民族、风光等等，具有政治性、知识性、教育性、服务性、欣赏性。电视专题片还具有内容的专一性、连续性、深入性、针对性和对象的特殊性。主要类型有：政论片、人物片、风光片、科教片。

电视专题片内容和形式的多样，使得创作手法也呈现多样。比如，在解说处理上，有叙述讲解、议论说理、描绘抒情等不同表现样式；在人物处理上，有一、三人称，有对话式，人称交替式等；在片中要素处理上，有只有画面、音乐，不加解说的，或在画面上只出文字解说词的，或仅有画面、解说而无音乐、同期声的等多种形式。

最常见的电视专题片要素有：画面图像、解说、音乐、音响效果、同期声、字幕等。画面图像，是电视专题片的基础。电视画面图像具有直观性。形象感，能诉诸观众以事物发展、变化、运动的视觉形象。解说，一般说对画面有一定依附性，但又不是对画面图像的简单重复或直白。解说根据特定情景情节对画面进行连接、说明、补充、丰富、烘托、点题、概括、深化，增加或增强画面的内含意义，与画面配合，共同表现主题。音乐，是指为配合图像和解说的背景音乐，具有陪衬、烘托作用。音响效果，是为营造真实的情景、空间，采集或制造的自然声响，具有渲染气氛的效果，以增强感染力。同期声，是指与拍摄现场同时而来的现场人物语言和自然声响。字幕，以文字形式出现在画面上的解说词，具有提示说明作用。

上述各要素之间的关系，具有相关性和主导性。所谓相关性"是指每一个单独的创作元素都不可能产生整体效应，必须相互依存又相互制约，才可能产生的整体效应。"[1] 所谓主导性"是指根据需要，有的元素处于主要位置上，形成创作的主导关系。"[2] 画面和解说是这些要素中的主体。二者的关系大致呈现为三种形式。即：画面为主，解说为辅；解说为主，画面为辅；画面与解说互为依存。画面为主、解说为辅时，画面内容是表现的主体，解说应围绕画面展开，介绍、补充、说明、完善画面内容。解说者应注意把握"后撤"身份，以更多地将表现力"让位"于画面。解说为主，画面为辅时，画面为解说陪衬，解说单独表现着完整、重要内容，或讲述一个道理，或阐明一种见解。

---

[1] 张颂主编《中国播音学》第424页，北京广播学院出版社1994年10月出版。

[2] 张颂主编《中国播音学》第424页，北京广播学院出版社1994年10月出版。

画面"为解说提供一个环境、创造一种氛围或增加一些形象感和现场感。"① 这类解说,应注意把握内容的完整性,表达出内容的深刻性。解说者身份把握应"靠前",直抒胸臆,加重分量。解说与画面平行发展、互为补充、互为依存时,应注意发挥解说与画面各自的特点和长处。"以画面来反映片子内容中富于形象性的部分,而以解说来反映画面不易反映或抽象性较强的内容,使两者的作用都充分得以发挥,在一定时间内反映出更多的内容,使主题的阐述更加全面、充分、深刻。"② 解说者应把握解说与画面的多种关系和作用,当"靠前",就向前,当"后撤",就"跟"、"让"。这种主导互换关系,有时体现在一部片子中,有时体现在部分段落里,应根据具体情况而定。

电视专题片解说备稿,应注意整体把握,具体落实。

整体把握首先是对各创作元素的特点,对片子的创意、风格基调全面理解,吃透。整体把握还包括对解说词稿件的内在关系的综合把握。为与画面配合,解说稿件自身看去好像零散,语言有时好像"前言不搭后语"。解说者应参照画面,搞清其内容延续、相互联系、逻辑关系。解说者在准备解说词时,应把联系画面一起考虑。

具体落实,就是把整体把握的内容,都落实到解说词的句段词上。整体把握是具体落实的指导和前提;具体落实使得整体把握的基调得以实现。

电视专题片解说的创作感受应是综合的。要有画面感、音乐感、形象感、节奏感、主次感、整体感。

---

① 引自罗京《谈电视播音中画面与解说的关系》,见李瑞英、刘连喜编著《广播电视播音与节目主持人》,辽宁人民出版社1991年12月出版。

② 引自罗京《谈电视播音中画面与解说的关系》,见李瑞英、刘连喜编著《广播电视播音与节目主持人》,辽宁人民出版社1991年12月出版。

第六章 播音创作的分类

在具体解说中应把握以下内容。

与片子的内容、风格贴切。要了解片子总的立意、基调和风格，以选择与之适应的基调和语言表达手段、风格。这是从整体把握。如果不能从总体上把握这一点，局部的细节表达的技巧再高也没用。所以，要播好解说词，首先要吃透编导的创作本意，从整体上、根本上把握。例如，林如在为《为了光辉的明天》这部专题片配音时，就很好地把握了这一点。她说，这部片子，介绍一位女科学家在事业上的成就和爱党爱国的诚心。其中有一小段，叙述这位女科学家在"文革"中的遭遇。片子没有用"文革"的资料片来表现文章，那样，将在全片中不协调；也没有用采访谈话的方式来表现，那样就会太直露，感染力不强。巧妙的是，编导用缓缓的流水占满画面。衬上解说词，由解说员来完成这段叙述。我想，片子表现这一情节，目的不是为引起观众的同情，而是表现女科学家在逆境中的坚定、顽强。于是，我在缓缓流水的画面上，激动地、语速较快地叙述："……她随着队伍一起淌水过河。人跌到了水里，站起来挽挽湿了的裤腿又继续走……。"文化大革命已成为历史，缓缓流水象征着岁月流逝。如果我是缓缓地、沉重地叙述，表面看来与缓缓流水相吻合，但实际效果会把全片中不该浓重的一笔描浓了。

与画面的情绪气氛相和谐。解说语言的情绪，应与画面表现的情绪和谐，才能使整个片子显得和谐统一。比如一部介绍伦敦的风光片，画面上表现的是轻松闲适的城市风光，解说语言的情绪就不必过于紧张、浓重。而应是轻松自然的。

当然，与画面的情绪气氛和谐，还应是整体上的和谐。可以用林如为电视系列专题片《让历史告诉未来》做一点说明。林如说，这部片子在第一集的开头，观众万万想不到用的竟是春节晚会上小兔跳迪斯科的欢乐场面。而解说词是："瑞兔，象征吉祥和顺，给兔年中国带来欢乐。60年为一个甲子。60年是整整一个人生。"接着画面转为历史资料片：哭嚎的儿童，尸横遍地……。解说词是："60年前，历史有一次庄严痛苦的分娩。那是另一个兔年，到处鲜血飞溅……，中国共产党刚满6岁。一夜之间，突然被自己的盟友蒋介石推下血海。"这几句解说词必须在了解整部片子的主题思想、整体构思、画面内容、镜头变化之后，才能较好地把握基调。小兔跳迪斯科和苦难年代哭嚎无助的孩子这样两组镜头的衔接，把60年前的兔年和现实的兔年拴在一起，由此引出了建军60年的回顾，包括了历史功绩、经验和反思。把握住了这样的整体构思，再开口说："瑞兔，象征吉祥和顺，给兔年的中国带来欢乐"就不会以局部画面为依托，不会情绪欢快地解说。林如说，解说者在这里应以突出主题为目的，开始说这么一段，观众还不知意味着什么。直到后面引出："我们党过去的错误就是忽略了军事……"才算入了题。理解到这一点，就会把开头的一句话纳入整体的基调中。有一定深度又不失松弛；貌似信口道来，实为深深领会到了词作者和编导的精心设计。

与镜头的运动方式、景别、场景相适应。电视图像由一个个、一组组画面组成。它由推、拉、摇、移、跟等不同镜头运动方式，远、中、近、特写等不同景别，仰、俯等不同角度、内容，不同场景等拍摄而成。这些手段的变化都体现着不同的含义和情感，解说者应以不同的语言变化与之相适应。或远景以显宽阔，或中景以示平常，或特写以表突出，或仰拍表现高大、为了赞扬，或俯摄制造低矮、体现批评等。镜头运动节奏的疾缓、画面变换的快慢都表现着一定的情绪，解说者的情绪和解说词的表达都要与之相适应。当然，适应也不是每个镜头都要一一对应。而是在重点、片子着意表现的地方细致把握。

与画面的段落、位置相吻合，以使解说词内容与画面上的形象对应。这就需要记住画面上的景物、形象，记住画面变换的各个点。比如电视专题片《远征南极》中描写企鹅岛的情景：当画面形象是"两只企鹅在一起"时，就应对上解说词："小夫妻又见面了，见面之前总要打扮一番"；当画面形象是："一只企鹅用嘴梳理背后的黑色羽毛"时，就应对上解说词："先整整燕尾服"；当画面形象是："一只企鹅用嘴擦擦脚蹼"时，就应对上解说词："再擦擦皮鞋"；当画面形象是："一只企鹅抖抖身上的水"时，就应对上解说词："再酝酿一下感情"；当画面形象是："两只企鹅并排朝天鸣叫"时，就应对上解说词："多么和谐的一对"。上面这组解说词应该和画面形象严格对位，不然就表现不出妙趣横生的情感。此间为与形象动作严格对应，解说词字多时要加快语速，字少时，可放慢语速。

在注意与镜头画面形象配合的同时，解说时还要与音乐的情绪、节奏相吻合，注意借助出于音乐的形象感、节奏感体现出音乐的表情性，创造出一种意境。注意与音响效果、同期声相协调，以增强其表达的现场感、真实性。

电视专题片解说的语言应注意朴实、自然、流畅。在吐字发声方面的特点一般表现为：用声音量不大，小而实，以收为主；咬字，幅度适中；出字，灵活、集中，不弹跳吐字，唇舌滑动多取小动程。吐字发声不夸张，是有控制的自如状态。从语流形态上看，语流畅达，连贯，有明显的推进感。在声情表现方面，因为有画面等手段辅助，所以不易过，应求适中。

解说要根据片子的不同类型风格，或一部片子内容的发展变化，在以解说为主的基础上，采用讲解、朗诵、播读等不同的语言样式和叙述、议论、抒情、描绘等不同的表现手法。政论片，往往是对政治、经济、军事、文化、外交等某一现象、热点、问题进行探讨。创作者观点明确，画面多为相应内容的形象展示，解说多为片子主导。解说应体现出哲理、思辨性和较强的逻辑力量，解说的语言样式以"议论型"为主。人物片，以各行各业有代表性的人物为反映对象，其语言样式应以"叙说型"为主。风光片，往往是对某一地域的风土人物、名胜古迹给予展现，语言表达样式应以"抒情型"为主；科教片，介绍科技、文化、卫生等各方面知识，语言表达样式以"讲解型"为主；体育片，可用"明快、参与型"的语言风格；儿童片，可用"活泼、诱导型"的语言风格。

在电视专题片解说中，还应注意运用各种要素的相互配合，构造美的意境。比如播电视片《春江花月夜》，随着"春江花月夜"的乐曲声起，画面上出现了陈爱莲扮演的一个古代少女，双手各拿着一把半月形羽扇，掩面起舞。有三句画外音："扇子如花开时的喜悦；扇子如浮云掩月时的含羞；扇子如夜莺飞翔时的轻快颤动……"此时语言表达应注意同画面配合：第一句，在两面扇子打开时说；第二句，在扇子合起来时说；第三句，在扇子轻轻抖动时说。每句话都尽量压在一个完整的乐句上。发声时可贴近话筒，气息和音量控制要匀要细，听起来像是悄悄地看着花开、云游、鸟儿抖翅，语言、画面、音乐、交相辉映，共同创造出完美的意境。

有时由于某些客观条件限制，人物同期声不能用或不便用，播音员常常要给电视片中人物配音。给人物配音，就是要根据画面提供的人物的身份、性格、思想感情，塑造出符合人物的声音形象，语言要性格化，使人听起来真实、贴切，便于了解人物的内心世界。

首先，要把握人物的性格和思想。中央电视台播音员李娟在《世界各地》节目中，曾为《黑猩猩和女科学家》配音。她在以第一人称给女科学家配音时，通过大量资料的分析研究，这样来把握人物的性格和思想：珍妮是一位献身科学、勇于探险的女科学家，她只身来到遥远荒凉的坦桑尼亚丛林考察，她的性格是倔强的；而她又是一位毕业不久的女大学生，外柔内刚。她对她的研究对象黑猩猩耐心得像对小弟弟。她有时还有点调皮。在配音时，李娟牢牢把握住珍妮的性格特征：勇敢、倔强、富于理想、柔中有刚。

其次，运用语言技巧表现人物的性格和思想。《黑猩猩和女科学家》中的珍妮在小溪边洗头时有这样一段内心独白："人们常常问我，是否思念家里舒适的生活条件？的确，有时我想听听优美的音乐，享受一下阅读文学作品的乐趣。但是坦白地说，除此之外，我在这片原始森林里确实感到很痛快，住着简陋的帐棚，在可爱的小溪中洗澡，中午的炎热，倾盆大雨有时甚至有讨嫌的小虫，它们都是森林生活的一部分，这是我一直盼望的生活。"这段独白中，头两句讲的是人之常情，播音员在配音时，用声较为柔和、甜美，表现了姑娘温柔的内心。从"但是坦白地说"到"感到痛快"，播音员语气一转，用近似男孩子的豪放、爽朗的口吻，表现珍妮性格的另一面，也是主要方面——倔强。再下面，"帐棚"、"小溪"、"炎热"、"大雨"、"小虫"，都是她所热爱的，这时播音员的语气是明快、坚定。透出欣喜的感情，在短句之间"一顿、一跳"地运用，稍稍带有一点调皮的味道，以表现她热爱生活，热情大自然、勇于探险，以苦为乐的思想和性格。在给画面人物配音时，要注意"对口形"，即播音员的话和画面人物的口形变化要一致。这里重点应抓住语句的开头和结尾应和人物的开口闭口一致，语句中间的口形变化不一定面面俱到。配音时，要依人物口形变化时间的长短，放慢或加快配音语言的速度；当画面人物说话时间过长，而台词长度又不够时，可适当加强语气词、连词，以拉长配音中句子的长度。

十二、体育解说

体育解说是对体育比赛现场实况进行报道的一种播音创作活动。

体育解说伴随现场音响或画面实况，可使受众有身临其境之感，以满足对比赛各方面消息的需求。

从传媒上分，体育解说可分为广播体育解说和电视体育解说。广播听众要借助解说对体育比赛现场实况获得了解，要求解说员对"看不到"的关键动作、现场气氛以及有关背景材料都要详细生动地描述介绍出来。电视观众要借助画面了解赛场情况，由于机位设置、角度位置、场地限制、画面切换时间等各方面因素的影响，观众看到的情况不可能完整、充分，要求解说员在画面的基础上补充、评价。评价的内容包括比赛中的精彩场面，得分高潮；比赛中的"盲点"，即看不到、看不清、看不全的地方；背景材料，包括比赛的背景，运动员身高、体重、年龄、风格特点、成就等等，以及有关体育知识。解说员应定位于听众和观众的"耳目"、"向导"。

体育解说员应具有一定的采访写作能力，仔细观察能力、迅速记忆能力、现场应变能力。解说员思维反应要敏捷，思想感情要活跃，语言表达要准确、生动、精炼，语言组织要迅速，声音要清晰、口齿要伶俐、语流要畅达、自然。解说员可有不同风格样式，有描写型的，有评论型的，但其语言样式都以介绍、说明、讲解为基础。解说员要善于把握现场气氛变化，既要传达出热烈紧张、扣人心弦的赛场气氛，又要做到紧而不慌，快而不乱。把握分寸、客观公正、实事求是，这就需要解说员有良好的心理素质、扎实的语言功力。

搞好体育解说，还要注意日常学习、积累和刻苦训练观察力、记忆力、应变力、语言基本功和语言表达能力。宋世雄在谈到他记忆力训练时说，我学会了不光用高矮胖瘦来识别运动员，而且注意细致地观看每个队员的特殊习惯动作。比如，著名足球运动员容志行跑向角旗罚角球时，习惯用一只手在脸上胡噜一下，像是擦擦汗，又像是叮嘱自己要沉着，冷静；篮球前锋邢伟宁当对方把球投中以后，在篮下经常晃一晃头，把落下来的头发甩上去，好像是说："怎么让他投进了"；女排主攻手张蓉芳扣了好球总要咬一咬嘴唇，像是自言自语："就这么打"……掌握了这些，即使是在雨天，运动员身上滚满了泥巴，或是在灯光暗淡的夜晚看不清他们的号码，还是在队员密集球门前的一刹那，都能比较准确地认识他是谁。解说员要和运动员交朋友，要深入运动场，争取更多的时间生活在运动员中。要多熟悉各运动队的情况，了解各队的实力、战术特点，当好"向导"，把成千上万的"旅游者"带到"体育世界"。

十三、广告播音

广告播音是"在广播电台、电视台用口播或配以图像进行解说的形式，向听众、观众介绍商品、报道商业服务内容的播音活动。"[①] 广告具有商业宣传性、信息性、艺术性、诱导性、凝炼性等特点，其语言简炼、生动，播音语言表达应注意整体把握，要与各种要素（画面、音乐、音响等）有机配合，必要时运用渲染、夸张、求异、模拟等语言技巧体现出语言表达的艺术性，创造出广告的意境。

---

① 赵玉明、王福顺主编《中外广播电视百科全书》第140页，中国广播电视出版社1995年1月出版。

第三编 风格论

第七章 播音风格的含义和特征

第一节 播音风格的含义

"风格"一词的词义,不同的时代,不同的国度,不同的学科,不同的职业有着不同的理解和解释。

"风格"一词源于希腊文,本义是表示一个长度大于厚度的不变的直线体:στυλos,训为"木堆"、"石柱"、"雕刻刀"。希腊人取了后一种含义,并加以引申,表示"写字的方法"、"说话的方式"、"演讲的技巧"、"言语的类型",还作了"用文字装饰思想的特定方式"。近代瑞士的著名语言学家德·索绪尔(ferdinand de Saussure)认为"风格是个人语言的特点"。他的学生,瑞士语言学家巴里(Charles Bally)第一个写出了关于风格学的专著《风格学概论》(1905年),他认为"风格是说话者个人语言感情的表达特点"。把风格限定在语言的范围,从而为语言风格的研究奠定了基础。

在我国,汉语中"风格"一词始出于晋朝,最早把"风格"用来评文章、进行文学批评的则是刘勰的《文心雕龙》。刘勰在《文心雕龙》的《议对》篇中评陆机的文章时说:"及陆机断议,亦有锋颖,而腴辞弗剪,颇累文骨;亦各有美,风格存焉。"到了唐代,文学艺术发达,风格成熟的作家、艺术家甚多,谈论风格的人也多了起来。杜甫《苏端薛復筵简薛华醉歌》:"坐中薛华善醉歌,歌辞自作风格老。"到此,风格已经指作品的风度和气派，和现代的所谓风格有些接近了。唐以后，评论风气发展，风格的理论研讨日精，风格概念运用渐广，及至扩大到文学艺术评论的各个领域。

播音艺术，随着电子技术、广播电视的产生而产生。其历史很短，只是近几十年的事情。然而，当播音艺术一出现，"播音风格"这个词就出现了。最早有播音艺术出现的苏联，也是最早提到播音风格的。在我国，1940年12月30日人民广播诞生，形成了自己独特的风格。解放战争时期，毛泽东主席表扬播音员："这个女同志好厉害，骂起敌人来义正辞严，讲起我们的胜利又很能鼓舞人心，真是憎爱分明，这样的播音员要多培养几个。"[①] 毛主席的话，虽未直接用"风格"二字，却已点出人民广播播音风格的内核："憎爱分明"。梅益1955年4月2日在中央人民广播电台播音业务学习会上就已明确指出播音风格问题。他说："我们播音要有个性。梅兰芳就是梅兰芳，程砚秋就是程砚秋，周信芳就是周信芳……能不能所有的人演戏都和梅兰芳一样呢？假如是这样，那就是贫乏……当一个小孩还没有长成的时候，他可能有一些模仿的动作，长成了以后，就有了他自己的个性和风格，播音员也应该如此。"[②] 到1961年1月26日，梅益同中央人民广播电台播音组同志的谈话中，专门谈了播音风格问题。他谈到："人们不同的要求和爱好，也对播音员提出了不同的要求。播音员不能老是一种腔调，必须根据不同的题材采取不同的播法。……我想播音应该有更多的表现形式，而且应该鼓励播音风格多样化。"[③] 之后，风格一词在播音界广泛使用。

---

① 闫长林：《胸中自有百万兵》，见《中国人民广播回忆录》（第三集），中国广播电视出版社1981年6月出版。

② 引自《梅益谈广播电视》第73页，中国广播电视出版社1987年出版。

③ 引自《梅益谈广播电视》第108页，中国广播电视出版社1987年出版。

风格属于美的范畴。创作主体用属于他自己的独特手段，去揭示某种艺术美的本质和规律。同时，这种手段必须达到把艺术美的本质和规律揭示出来的目的，两个方面，缺一不可。如果只强调一个方面，即：或是强调手段的异样，没有揭示和体现出美的本质，这不能称其为风格。比如，当前播音界有人认为，只要自己的播音"格色"，和别人不一样，有的甚至连起码的要求还没有达到，发音还不准，声音有毛病，语句的停连、重音都错了，还说是自己的风格。岂不知，风格非一日之功，是千锤百炼后的水到渠成，是属于"这一个"自己独有的方法，并非主观随意。当然，另一方面，那种千篇一律、千人一面、千口一腔、相互模仿，都用一种方法，也就没了创作个性，也不会形成风格。所以两方面必须通盘考虑。正如著名美学家王朝闻所言："在具有真正的风格的作品中，我们看到艺术家对现实的反映一方面具有不可重复的独创性，另一方面这种独创性又正是客观真实的深刻的揭示。脱离现实的真实反映的'独创性'或'风格化'，不过是艺术家的主观任意性的表现，它不可能形成与艺术的真实性相一致的风格，而只能产生虚假的、肤浅的以致歪曲现实的'风格'。"[①]

　　播音风格的实质是播音创作的多种形态的表现。

　　播音风格，从广义上讲，包括播音创作中所体现出来的时代风格、民族风格、阶级风格、节目和稿件的风格，播音员的风格。正如上面已经阐述过的，其风格体现的核心和焦点，都是播音员的风格。所以，这里播音风格的含义所指的，也正是播音员的风格。

　　因此，播音风格，就是指播音员在播音创作中所体现出来的创作个性和艺术特色。它以运动的状态贯穿播音创作的全过程，

[①] 王朝闻主编《美学概论》第282～283页，人民出版社1981年6月出版。

又以相对稳定的状态凝结在播音作品上。播音是一种创作，所以播音风格又是播音员同原文字作品风格有机统一的结果。播音是一门实践性很强的艺术创作活动，所以播音风格是播音员在长期艰苦的播音创作实践中逐渐积累形成的。

第二节　播音风格的特征

播音风格的特征，呈现在许多方面。这里仅从附着性、可感性、独特性、一贯性、多样性和可变性几个方面来加以阐述。

附着性

有稿播音是一种创作。播音风格是在表现稿件风格的同时体现出来的。没有稿件，也就没有播音，更谈不上播音风格。所以播音风格有着很强的附着性。播音员的能力，就在于使稿件的风格和自己的风格有机地统一起来。比如齐越、夏青，这两位中国播音界的巨将，一个风格雄浑豪放，一个风格严谨端庄。但当他们朗读毛主席诗词时，都体现出主席诗词大气磅礴的风格：一个是雄浑豪放中体现出磅礴的气势；一个是在严谨庄重中体现出宏大的气魄。这时，只有他们朗读毛主席的诗词，表现主席风格特征时，他们的风格才有了表现的依托，他们的风格正是有了表现作品风格的时候，才有可能成为现实。即：其雄浑豪放只有在磅礴的气势中体现；其严谨端庄只有在宏大的气魄中实现。抽象的、孤立的雄浑豪放、严谨端庄，都是无法表现的。所以说，播音风格具有附着性特征。

可感性

播音创作的材料是声音和形象。声音和形象直接作用于听众、观众的耳目感官，具有明显的直观性、可感性特性。同时，又由于收音机和电视屏幕，会将其形象声音的特征集中、放大，所以其可感性就更为鲜明。还由于声音、形象这一播音创作材料传递信息，同文字这一传递信息的材料不同，文字自身不具有表态性，无所谓思想感情，只是文字所体现的内容具有思想感情。播音所运用的声音、形象这一材料的物质基础是人，具有其特殊性，即声音、形象本身，就具有表态性，具有强烈的可感性。人们了解一个人的播音风格，首先是从声音形象表现的特征中感觉到的。所以播音风格具有可感性。

独特性

创作主体和对象之间存在着某种内在的联系。即，美的形态是多种多样的，表现的方法也是多种多样的。这是客观存在。而审美追求和当时客观环境的不同，都有一个属于创作主体自己的发现和创造美的方法和手段。这种主客体之间的内在联系是在长期的实践中才能发现并形成的。比如，当中央电视台播音员罗京刚在电视屏幕上出现时，有的观众认为他播音的表情太严肃了，便给他写信建议："播音员同志，请你笑一笑。"罗京并没有因此去笑着播。因为他知道那个"笑"不属于他。生活中的罗京，性格内向，不苟言笑。如果硬要他在电视播音时"笑一笑"，可想而知，那效果一定会令观众哭笑不得。罗京通过多年的电视播音实践，寻找到了属于自己的揭示电视播音美的稳健庄重的特征，现已为观众认同。

独特性，是风格的生命。播音风格的独特性，正是上面所言的每个人对播音创作美所具有的，也只能是"这一个"所具有的"专利"权。当然，独特性也反映在声音相貌上的不同，理解感受上的各异；但毕竟前面讲的是核心，它从深层上决定其独特性的质量。

比如，有人播音，模仿夏青、赵忠祥的声音，乍听很像。但无论怎样以假乱真，最后个个都还是露出了"马脚"。这并非模仿者的"功夫"不到，而是无法为之。因为模仿，只能是一个声音外壳，深层次的、内在的东西，是模仿不到的。由此可见，风格的独特性，是个有规律的东西。世界上只能有一个夏青、一个赵忠祥。夏青的声音内涵、生活经历、思想素养、文化知识结构、审美追求等等，决定了这个世界上只能有"这一个"。

一贯性

作为一个成熟的播音艺术家，他的播音风格，不可能仅仅体现在一次节目、一篇稿件或一个时期的播音中，而是贯穿于他整个的播音创作生涯中。其风格特征具有其一贯性。这是由播音员世界观、艺术观所决定的播音员创作个性。一旦形成、成熟之后，不会轻易改变，会有一个相对稳定的状态和过程。一贯性，也正是这种相对稳定的创作个性在创作实践中连续不断地相继叠现的结果。正像丹纳所说："人人知道，一个艺术家的许多不同的作品都是亲属，好像一父所生的几个女儿，彼此有明显的相像之处。"[①] 布封也说："知识、事实与发现都很容易脱离作品而转到别人手里。它们经过更巧妙的手笔一写，甚至会比原作还要出色些哩。这些东西都是身外之物，风格却就是本人。因此，风格既不能脱离作品，又不能转借，也不能变换。"[②]

又如，林如播音风格的基调是含蓄。无论怎样变化，时代的变迁，生活经历的变化，节目稿件的不同，时而质朴自然，时而典雅深沉，但都没有离开"含蓄"这一主旋律，质朴自然也好，典雅深沉也好，都是在含蓄这一主旋律引导下的变奏。含蓄，显示出她风格的一贯性。再比如，虹云的播音风格是热情，这一风格基调贯穿于她各个时期的代表作。她在"大众经济"节目中的播音热情活泼；她在《话说长江》中的播音热情奔放；她在"午间半小时"中的播音热情爽朗。"热情"这一风格的主调一直贯

---

① 丹纳：《艺术哲学》第4页，人民文学出版社出版。
② 布封：《论风格》译文，转引自王之望的《文学风格论》第26页，四川文艺出版社1986年5月出版。

穿始终。

中央电视台"为您服务"的主持人沈力在主持节目的播音中，十分注重保持自己形象的稳定性。她说："为了节目的需要，有时要请一些演员或专家一起主持，但主持人不可忘记自己的身份，不该'让权'的地方，决不能让，不能失去自己的身份和性格。如果不考虑自己主持栏目的任务，不考虑自己的性格和身份，一味地去背编辑的稿子，那我今天是个'马大哈'，明天又是个捧哏者，就不会有一个稳定的形象"[①]。比如，沈力主持的"历史知识竞赛"的原稿中有这样一段对话：

　　主持人：现在进行第二集历史知识竞赛。
　　历史教师：哎，沈力同志，你怎么忘了，上一次的奖品还没发哪！
　　主持人：噢，幸亏您提醒了我，要不真忘了。好，现在请上次获一等奖的同志上来领奖。

这个节目的编辑是一位性格开朗、活泼的年轻人，她的这一安排和设计，符合其性格。但沈力认为，这段对话词对她就不合适了。因为沈力这一形象的风格是质朴自然，为您服务耐心细心，沈力认为这一形象就连一年前一位中学生的要求都记在心里，怎么能把一周前刚办的事情忘得一干二净呢？所以，为维护沈力形象的一贯性、稳定性，沈力对该段对话进行了修正。同样，该撰稿人为"家家乐"节目写了这样一段对话，沈力也进行了修改。原对话是：

　　沈：这次的"家家乐"专题节目喜逢佳节，今天我

---

① 沈力谈话录。

们和广大电视观众朋友们共同欢度一个新春之夜。

师圣杰(相声演员,边说边上场):爆竹声中一岁除,春风送暖入屠苏。电视机前家家乐,送走健牛迎飞虎。

沈:你这诗不错啊,是谁写的?前两句怎么这么熟?

师:前两句是宋朝著名改革变法家、诗人王安石的一首七绝的前两句。

沈:这后两句呢?

师:是我为"家家乐"节目胡诌出来的两句打油诗。

沈:你这两句不错,既有家家乐,又有送旧迎新之意。

师:过奖;过奖。

沈力修改后的对话是:

沈:这次的"家家乐"节目喜逢佳节,今天我们将和您一起、共同欢度这个美好的夜晚。

师(上场):沈力同志。

沈:你怎么才来,节目都开始了。(虽是句玩笑话,但仍不失主持人和老大姐的身份)。

师:我正在写一首诗,你听听:爆竹声中一岁除,春风送暖入屠苏。

沈:对不起,打断一下,这不是宋代诗人王安石七绝《元日》中的前两句吗?!(沈力这一形象的一贯特征应是知识大姐形象,不能是一个大傻瓜的形象去给别人捧哏,所以沈力把话接过来了。)

师:你别忙啊,这后两句是:电视机前家家乐,送走健牛迎飞虎。

沈：（故意问）这是谁的大作？（仍是老大姐语气）

师：这是我为"家家乐"专题节目胡诌出来的两句打油诗。

沈：那好，但愿电视机前的家家户户新春快乐，以龙腾虎跃的姿态迎接新的一年。

多样性和可变性

听广播看电视我们可以发现：同一时代的播音员具有不同的播音风格，同一播音员在不同时代风格也会有变化；同一篇稿件不同的播音员播会有不同的风格。同一播音员播不同的稿件风格也会有变化。这些现象，都反映了播音风格多样性特征。

任何艺术风格都具有多样性特征，这是艺术创作本身的规定性所决定的。从根本上说，这是因为：艺术所反映的客观世界本身丰富多彩，艺术家的生活经历、思想感情、审美追求、创造才能千差万别，人民群众对艺术的审美需求多种多样。艺术作品只有具有多样的风格，才能反映丰富多彩的客观世界，才能体现艺术家的创作个性，才能满足人民群众的多种需求。播音艺术也不例外，它也遵循和体现着风格多样性的规律。

具体讲，由于受时代、民族、阶段以及电台、节目、稿件等外部条件的制约，受播音员生活经历、性格气质、思想修养、审美追求、业务条件等内部要素的影响，播音风格便呈现出多样性的特色。其多样性，概括来讲体现在两个方面：一个是从播音员群体上看，由于各个播音员之间风格的差异，形成了风格的多样化；一个是从播音员个体来看，即一个播音员处在不同的创作时空、创作条件，其风格所呈现出的不同特色。

这里，不逐个去谈影响播音风格多样化的内外部要素和一般规律，只试图从播音风格与文学等其它艺术风格的对比中谈谈播音风格多样化的特殊性。

通过观察发现，较之文学创作等风格的多样性，播音风格的多样性特征更为明显和突出。这是因为：播音属二度创作，限制性相对要大；播音音声性的特点，使得播音员个体差异相对要强；播音创作时空变换的频率相对要高。

播音创作以稿件为依据，稿件是播音创作的素材之一。播音创作的这种素材与作家创作的素材不同。后者是直接从生活中来的，没有观念形态化，而前者则是从编辑、记者或稿件作者那里来，是观念形态化的产物，这其中已经包含着作者的创作个性或风格。播音员在播音创作中还应该把作者的创作个性或风格体现出来。所以，播音作品的风格正是播音员的创作特色同稿件中所包含着的作者的创作特色有机统一的结果。播音二度创作的这一特点，使得播音员必须主动去掌握和驾驭各种稿件，适应各种不同稿件的特点和风格。播音员创作的成熟，也是播音员这种适应能力的增强。所以播音风格一经形成，就具有多样性特点，就体现出丰富的内涵、具有多样的特色。这也是播音二度创作的这种限制性要求播音员不能"吃偏食"的结果。播音员的创造性，也正是在这种限制性中体现出来，限制性越强，要求播音员的创作能力也就越高。这种创作限制性自身的规定性，也就带来了播音风格多样化特色的客观必然性。从实际工作中我们可以看到，一个播音员在他的整个创作生涯中不可能只播一种类型的稿件，他必须播出大量的各种类型的稿件。有时，一个播音员一天播出稿件的类型就有好多种。播音员正是在这种对多种稿件的适应和驾驭中使自己的创作成熟起来，成熟中也就包含着风格的多种特色。比如，林如在播音创作初期，较多地播出文艺性稿件，之后，客观上要求她必须得胜任政论性稿件的播音，大量的新闻性稿件也等着她，这样，她风格一经形成，便在含蓄的基础上体现出丰富的特色、包含着多样性的内涵：既有典雅、自然，也有大度、深沉。在对方明一天播音的抽样调查中发现，方明一天播了大量各类稿件：上午人民子弟兵，下午阅读和欣赏，晚上各地联播。听他的播音，忽而电闪雷鸣、骤雨疾风，忽而喜逢春雨、润物无声，忽而刚健挺拔，忽而潇洒飘逸。方明说，具体稿件具体分析，找出不同播音，体现不同风格，这是播音员的看家本领。即便是在某类节目或文章的播音上有突出特点的播音员，其风格也并不单一。比如夏青的政论播音风格突出，在文学作品欣赏的播音中也同样显示出他的特色。即便都是政论文章，他播毛泽东的文章和播鲁迅的文章所体现的风格特色也不尽相同。这些都正是播音二度创作性所带来的。而作家的文学创作则不同，由于是一度创作，作者在素材的选择上具有很大的自由度，他们可以选取自己熟悉的或感兴趣的生活内容，有人整个创作生涯中可以只选一种类型的题材，同样可以形成自己的风格。王蒙说，我写我的政治题材，写小桥流水是刘绍棠的事。山药蛋派作家，可以只选取山西农村的生活素材进行创作。这种一度创作所带来的选材上的自由度，使他们选取的素材的类型相对稳定和集中，创作风格不如播音风格多样化程度高。

　　播音创作具有音声性的特点，使得播音创作个体差异性大，这也是形成播音风格多样化的特点突出的一个原因。个体差异，是任何艺术风格形成的内部要素。它集中体现在创作个体的主观因素即自身条件上：比如生活经历、性格特征、思想修养、审美追求等方面的不同。播音除此之外，由于创作工具——嗓音的特殊性，使得创作者之间的差异之处就更多。世界上没有两片完全相同的叶子，也不存在两副完全一样的嗓子。夏青和张悦的嗓音不同，这显而易见：因为一个是男声，一个是女声；一个宽厚，一个细腻；一个庄重，一个甜美。张悦和曾凯的声音都具有甜美的色彩，但也不尽相同，一个美中有柔，一个甜中带刚。每一副嗓子都构成了一个独特的表达世界。即便理解相同，用声音表现出来也会有不同的风格特色。上面是从音声性自然属性的一面讲的：由于嗓子的生理构造不同，会有不同色彩。其实音声之魂，还是其社会属性的一面，即不同的感受，使得声音具有不同的色彩。在播音创作中，感受是理解到表达的桥梁，是播音创作的关键一环。感受从某种意义上说是播音创作者全部生命的综合：它凝聚着播音员的生活实践、性格气质、文化素质、思想感情、审美追求等等。这些都通过声音体现出来，又赋予声音不同的色彩。播音员在播音创作中，理解可以相同，但感受绝不等同。播歌词《大海一样的深情》，播者都可以理解到：这是表达对台湾同胞的思念之情，但在具体语句的感受上是不尽相同的。比如："我怀着大海一样的深情"一句，你所感受的大海是"深"，我所感受的大海则是"广"，这样不同的感受所表达的声音色彩是不同的。当然无论感受是深是广，都能表达出对台湾同胞的思念之情，但声音中所体现出的播音风格就不同了。张颂教授在谈如何朗诵时举了方明和瞿弦和朗诵《大河，你永远地奔流》的例子。二位朗诵者都能较准确地理解和把握作者的创作意图和诗的内容，但由于各自不同的感受，使得声音色彩具有很大差异，朗诵风格截然不同。方明从客观感受：他以宽广的胸襟，站在大河之上，纵观远古与未来，感情奔腾激越，催人奋进；瞿弦和则以一颗赤子之心去领略大河的波涛，他面对源源流淌的大河，以"我能化作你其中的一滴吗？"这样的感受，表达对人类所向往美的追求，发人深思。反映在声音形式上，一个洒脱，豪放；一个含蓄、深沉。

播音创作时空变化频率高，这是导致播音风格多样化特征明显的又一个原因。上边是从播音风格内部要素即个体差异谈的。这一点则是从风格的外部要素谈。从播音创作的外部条件看，播音创作时空的可变性大。从时间的角度来看：大而言之，是时代的变迁对播音风格的影响。新闻是时代的产儿，播音是时代的艺术。播音风格的晴雨表时刻都在记载着时代的变迁。比起其他艺术，时代对播音风格的影响更迅速、更直接、更明显。比如，从总体上讲，人民广播的播音风格是：憎爱分明、刚柔相济、亲切朴实、严谨生动。在不同时期有不同体现：战争年代，气势豪迈、憎爱分明、从容坚定；和平建设时期，质朴扎实；十年动乱，风格也遭摧残，代之而来的是高、平、空；三中全会后，亲切自然，活泼生动。从创作个体讲，林如五六十年代的播音风格主要是：质朴自然，经历了十年动乱，她的风格又有了新的内涵，含蓄、深沉。从时间的角度来看，小而言之，是指播音所处的每日时刻的不同，对播音风格色彩的影响。比如早新闻报摘的风格色彩就显得更高亢、明朗些，以适应清晨人们心理情绪上的振奋的特点；晚新闻联播的风格色彩就显得更亲近自然些，以适应这个时间人们即将休息的特点。从时代变迁考虑播音风格的可变性，是从社会属性的角度考虑；从每日时刻的不同考虑风格色彩的变化是从自然属性的角度考察。从空间的角度，即横向联系来看：由于稿件的不同，播音员的风格也随之适应，这一点在第一个原因已详细阐述了。再一个是由于节目的不同，播音风格也会有变化。比如同一个播音员，播同一篇稿件：中国乒乓球队获胜的消息，他在体育节目中播和在《报摘》中播，风格色彩就会有变化，前者更活跃些，后者在喜悦之情的基础上又呈现出规范的色彩。中央台播音员雅坤，播新闻节目，其风格呈现出明朗、大方的特色，现在又主持《今晚八点半》这一综合性文艺节目，其风格又显示出亲切热情的特点，这也说明节目对播音风格变化所起的作用。

当然，探讨播音风格多样化问题，并不排斥播音风格具有相对稳定性的特征。这里所说的变化，是在相对稳定的风格主旋律上的变奏。

第八章　播音风格的体现

播音风格，体现在播音创作上。它以运动状态贯穿于播音创作的全过程，又以相对稳定的状态凝结在播音作品上。具体来讲，播音风格以动态的方式体现在播音创造的各个环节和要素上，又以整体美的形式通过播音作品综合地体现出来。

这里从独特的感受、独特的表达和整体美3个方面进行分析。

第一节　独特的感受

独特的感受，是在遵循播音创作感受一般规律的同时，由于播音创作者的不同的性格特征、生活经历、文化知识、思想修养等决定了不同的播音创作的审美追求，以及所造成的播音创作者所独有的体验。它包括播音创作者独特的审美认识和发现。这种独特的体验是独特的表现的内在依据。

比如，林如所播的《假如党员都像她》这篇通讯，曾应听众要求在中央台两次播出。这同林如以她质朴含蓄的风格出色表达分不开。这篇通讯歌颂了烈属彭翠莲大娘，在儿子为救战友不幸牺牲、女婿为救落水儿童英勇献身、老伴身患重病的情况下，不要救济，为国分忧，无私奉献的崇高的精神，她返璞归真后的质朴自然的风格。

齐越在播《县委书记的榜样焦裕禄》这篇通讯的开头是一段关于兰考灾情的描写："1962年冬天，正是东兰考县遭受内涝、风沙、盐碱三害最严重的时刻。这一年,春天风沙打毁了二十万亩麦子,秋天淹坏了三十万亩庄稼,盐碱地上有十万亩禾苗碱死,横贯全境的两条黄河故道,是一眼看不到边的黄沙;片片内涝的洼窝里,结着青色冰凌;白茫茫的盐碱地上,枯草在寒风中抖动。"齐越对这段灾情描写的感受,没有局限在痛心和同情上,而是有他的独到见解:他认为这段灾情景象,应该是焦裕禄眼里看到的灾情,应该体会焦裕禄看到灾情的心态:焦裕禄看到这灾情,一方面同情灾区人民,一方面有"我要战胜你"的决心。基于这样的体验,齐越这段灾情描写的播音不是沉痛的、惋惜的,而是沉重的、顽强的、坚定的。从而体现了他雄浑豪放的风格。他播的《中国工人阶级的先锋战士铁人王进喜》这篇通讯中,有这样一段描写:"1960年4月14日,当一轮红日从东方升起,巍然的井架披上金色的霞光的时候,井场上一片繁忙,王进喜大步跨上钻台,握住冰冷的刹把,纵情地大喊一声:'开钻了!'。"这里,齐越感受到的"清晨红日",已不是我们每天早晨看到的太阳那么大,他由于体会到了铁人王进喜"这下把石油落后的帽子扔到太平洋里去了"的喜悦豪迈心情,他感受到的"清晨的红日"顶天立地,有东方半边天那么大,这红日已经映红了整个天空。基于这一独特的感受,他一出口,就显示出豪放的风格。

齐越和方明都播过魏巍的长篇通讯《谁是最可爱的人》,齐越的感受是:自己进入战场,同志愿军战士一起同敌人拼杀,牺牲的战士,都是他身旁的战友,他对他们的一举一动看得十分清楚,他和他们同呼吸、共命运,所以听齐越的播音,仿佛我们也进入了场景,感到、看到眼前正在发生的这活生生的壮烈的场面,使你感到震撼人心,对志愿军战士肃然起敬。方明的感受是,站在历史的长河之上,追述40年前那波澜壮阔的一页,他的播音如同一首壮丽的史诗,唤起你对我志愿军战士的深深的怀念。

第八章 播音风格的体现

许多电视观众都感到,赵忠祥《动物世界》的解说别具一格,这是同他独特感受分不开的。他感到,播《动物世界》就要和动物的心灵沟通,自己的命运和它们紧密地联系在一起,它们是自己的同伴朋友,同路人,同行者。如:"茫茫的雪海,这群斑马将向何处去呢?"播这句话时,他的体验是:自己就是斑马中的一员和同伴们一起探寻前途和命运。在这样的感受下播,使他的解说具有强烈的感情色彩,其语言真切动人。

沈力也谈了她在准备一次主持的节目时的独特的感受。一次沈力遇到一位电影明星,这位影星为社会上的一些误传感到苦恼,希望借助于电视台的阵地,介绍一下目前她正在拍片的情况以正视听。沈力同意了。她写了一个开头语:"有一次我在街上被几位观众朋友认出来了,他们向我诉说某某去深圳开分司当经理了,是不是真的?当时我只好说无可奉告,因为我也不知道。最近一次偶然的机会我见到了她,并告诉她很多观众朋友很关心她,希望她能和观众朋友见见面,她答应了,今天就请××同志来和大家谈谈近况。"在练习时,沈力感到这段台词有几个地方写得不理想。一处是:"有一次我在街上被几位观众认出来了",沈力觉得,尽管这是常有的事,但自己又不是明星,这样说,无形之中把自己抬高了。于是她又改为:"有一次在街上,观众朋友碰到了我",沈力感到,这样一改,自己就在观众之中了。另一处是:"她答应了",沈力感到,这样说又把自己的身份降低了。沈力认为,虽然××是电影明星,但自己也是电视节目主持人,没有必要在明星面前矮一截,应该不卑不亢,更谈不上自己有求于她。于是她改成:"于是我们相约今天在摄影棚里,请××和大家谈谈她近来的情况。"沈力这种独到的发现和感受,体现了她既平易亲切,又持重大度的风格。

由上述可见,独特的感受,是播音风格内在表现。独特的感受,在播音风格中占有重要地位,它决定着独特的外部表达的可靠性和真实性。没有独特感受，独特的表达只能是没内核的矫揉造作的外部形式。

第二节 独特的表达

有了独特的感受，还要通过独特的表达形式体现出来，播音风格才能具有可感性。独特的表达，包括有声语言的表达和副语言（体态语）的表现。

一、有声语言的表达

（一）有声语言表达技巧的独特运用

播音的语言表达技巧分为内部技巧和外部技巧。内部技巧主要有：情景再现、内在语、对象感。外部技巧有停连、重音、语气、节奏。

1. 内部技巧的独到运用

播音创作时，为了调动播讲愿望，在感受的基础上，就要运用内部技巧，展开想象，把握目的，确定对象，这些都是在创作想象中进行，也都是一种想象。

先看情景再现。情景再现是指稿件中的人物、事件、情节、场面、景物、情绪……，在播音员脑海里像过电影那样，形成连续活动的画面。这些画面，既包含文字稿件所提供的景，又饱含播音员因此而产生的体验和评价。播音员不但感受到了内中的形象"景"，而且体验到了内中的神采"情"，从而达到情景交融的目的。

运用情景再现激发感情，具体可分四步：第一步，理清头绪。理清头绪，就是要看看稿件中描写了哪些情景，它们是怎样联系的，我们脑海里那些连续活动的画面是怎样发展变化的，哪些是"特写镜头"，哪些是远景、全景，是由近及远，还是由远及近等等。比如高尔基的散文诗《海燕》的文字给我们提供了苍茫的大海、乌云、海燕、海鸥、海鸭、企鹅、暴风雨等场面和景物。这些景物连续运动的过程是这样的：第一段（一至六节）是海上风暴初起的喧腾景象和海燕、海鸥对比的反应；第二段（七至十一节）海上的暴风雨迫近，情景起了急剧的变化，海燕像个敏感的精灵在叫喊、大笑、飞翔，海鸭等早已销声匿迹不知去向了；第三段（十二至十六节）海上景象变化的结果：一堆堆乌云在大海上燃烧，大海抓住闪电箭光，把它们熄灭在自己的深渊里；海燕不管乌云压顶，不管雷声轰响，她早就听出震怒的雷声已经困乏，她深信乌云遮不住太阳，她在怒吼的大海上，在闪电中间高傲地飞翔，她叫喊着："让暴风雨来得更猛烈些吧！"为了理清头绪，引向情感，可以运用"分镜头"的方法对上边景物进行整理。"在苍茫的大海上，狂风卷集着乌云"，在我们脑海中展现的画面可以是远景，以显示海面的辽阔，气势磅礴，接下来，"海燕像黑色的闪电高傲地飞翔"等一连串的动作可以是近景，以突出海燕的形象。对海鸥、海鸭、企鹅等的行为可采用俯视的方法，以引起对它们的鄙视的感情。接下来对海燕一连串动作的描写，对这段的视觉形象，我们可以采用仰视的方法，由远及近，最后给海燕以特写镜头来突出海燕勇敢、坚定的性格。"狂风吼叫……雷声轰响……一堆堆乌云，像青色的火焰，在无底的大海上燃烧……"这时，我们的视觉景象要逐步展开，镜头由近及远推出，以显示大海的气势和它吞没乌云、熄灭闪电的力量。

第二步，设身处地。朗读《海燕》，我们就要把自己置身于作品所描写的情景之中：眼前海域辽阔，海色苍茫；上面是黑压压滚动着的乌云，下面是白茫茫波涛起伏的大海。我们眼前的海燕，在暴风雨到来之前，像个精灵，大笑、高唱、飞翔，斗志昂扬，豪情满怀，迎接暴风雨的来临，从而真切地感受到现场的环境、气氛、转换、变化。

第三步，触景生情。在前两步的基础上，我们还必须对脑海里产生的画面作出积极的内心反应，给予评价。在暴风雨到来之前，海燕矫健疾飞，勇敢地迎战；海鸥、海鸭、企鹅或"呻吟""飞窜"或"畏缩""躲藏"。面对这种场景，从内心激起对海燕的举动的敬佩、歌颂，对海鸥等行为的鄙视、憎恶。

第四步，现身说法。通过前三步激发出感情后，产生了"溢于言表"的愿望，此时，播讲者就像是讲述或描绘他亲身经历的事件，抒发自己的感情，从而令人信服。

以上谈了情景再现的一般规律。在实际运用中，由于每个播音创作者的具体感受不同，每个人情景再现所展现出的景，以及由此引发出的情感的样式也会有差异。比如齐越朗诵《海燕》，由于他战斗生活的经历，他顽强倔强爱憎鲜明的性格，会使他对《海燕》的感受，具有很强的参与感：他所展现的镜头，更多的是一些中景和特写，他不是站在一旁评判，他把海燕看成一个勇敢的革命战士，是他的战友，仿佛海燕又是他自己，他要同海燕一起飞翔，一起冲向乌云，一起迎接暴风雨，一起大笑，一起高唱。我从齐越谈教师如何辅导学生朗诵中，可以更直接地了解到他的独特的感受和想象。他说：

"……以《海燕》为例，教师可以提问下列问题：

海燕，这个无产阶级的革命战士，想的是什么？

（想的是革命，盼望着革命的暴风雨快点到来，他深信乌云遮不住太阳！）

海燕急的是什么？

（急的是暴风雨来得还不够猛烈，他呼吁'让暴风雨来得更猛烈些吧！'）

海燕恨的是什么？

（恨的是乌云，那些妄想镇压革命的反动势力。在海燕的勇敢的叫喊声里，乌云感到了愤怒的力量。）

海燕爱的是什么?

(爱的是摧毁旧世界、横扫一切反动势力的革命暴风雨,他为暴风雨即将来临而欢乐得号叫。)

教师要围绕上述问题,引导学生深入到海燕的灵魂、思想中去,想海燕所想,急海燕所急,恨海燕所恨,爱海燕所爱,满怀激情地歌颂海燕——无产阶级革命战士的英雄形象。"①

从上面这段话,我们可以看到齐越独到的理解和感受的核心,就是要"深入到海燕的灵魂、思想中去,想海燕所想,急海燕所急,恨海燕所恨,爱海燕所爱",他强调要和海燕同呼吸、共命运。基于这样的感受,他谈了如何展开想象:

"教师根据同学的正确回答,应当引导同学想象一下面前是海上暴风雨就要来到的景象:上面是黑压压滚动着的乌云,下面是白茫茫波涛起伏的大海。就在乌云和大海的中间,出现了一只英勇无畏的海燕。他飞得那样快,像黑色的闪电一掠而过;他飞得那样威风,傲视一切,任何反动势力也休想挡住他。你看,他忽然向下俯冲,翅膀碰着波浪;忽然又向上冲去,像箭一样直冲云霄。他一边飞,一边喊着,欢呼着,迎接即将来临的暴风雨。海燕这是无产阶级革命战士的形象,他勇敢地战斗着,呼唤着人民群众迎接革命。我们要做一个无产阶级革命战士,就要和海燕在一起,和他一样热爱革命,欢迎革命,参加革命,为革命的到来而欢欣鼓舞。"

由海燕,齐越还想到了诗人郭小川,想到了郭小川那歌颂战士的诗句。齐越说:

"在我面前出现海燕这个不畏强暴、敢于斗争的英雄形象时,每当我读到'乌云听出了愤怒的力量、热情的火焰和胜利的信

---

① 齐越:《谈谈语言朗读教学》,见北京师范大学《语文自学讲义》增刊12期,1979年2月。

心'这铿锵有力的语句时,我的耳旁就响起诗人郭小川那火热的战斗的诗句:

'战士自有战士的性格,不怕诬蔑,不怕恫吓。一切无情的打击,只会使人腰杆挺直,青春焕发。战士自有战士的抱负:永远改造,从零出发;一切可耻的衰退,只能使人视若仇敌,踏成泥沙。战士自有战士的胆识;不信流言,不受欺诈;一切无稽的罪名,只会使人神志清醒,大脑发达。战士自有战士的爱情:忠贞不渝,纯美如画;一切额外的贪欲,只能使人感到厌烦,感到肉麻。战士的歌声,可以休止一时,却永远不会沙哑。战士的眼睛,可以关闭一时,却永远不会昏瞎。'

在那'四人帮'横行无忌、黑云压城城欲摧之时,战士发出了战士的誓言。这一句句从心中掏出的话语,这内心深处的战斗的呼喊,不是和海燕呼唤革命的声音相一致吗?"[1]

所以我们听齐越《海燕》的播音激情满怀憎爱分明、浑雄豪放,从他的播音中,我们听到了一个正在战斗的革命战士的誓言!

我们听夏青《海燕》的朗读,雄健有力,庄重铿锵,从他的朗读中,我们听到了一个满怀胜利信心的预言家的宣言!

因为,夏青善于哲人的思考,拿到《海燕》,他首先感受到是"这是黎明前的黑暗,风暴过后必定是胜利的曙光,这是历史的辩证法"[2] 所以在他的脑海里展现的画面:"是那个风起云涌的革命时代的整个波澜壮阔的革命浪潮。"[3] 他善用远景和长镜头,站在历史长河之上,从漫漫的黑夜,看到了黎明的曙光,透

---

[1] 齐越:《谈谈语言朗读教学》,见北京师范大学《语文自学讲义》增刊12期,1979年2月。
[2] 同夏青谈话录。
[3] 同夏青谈话录。

· 143 ·

过压顶的乌云，望见了遮不住的太阳。所以，他以胜利的预言家的身份，敲响了反动势力的丧钟，吹响了人民革命胜利的号角。

再比如，曹山和铁城的播音风格，一个精巧细腻，一个酣畅粗犷。他们播送同一首歌词：《血染的风采》，由于感受的不同，脑海里展现的画面也不一样：一个是特写镜头，一个是临阵前的战士的内心独白：将自己的决心向自己的亲人、自己的伴侣和情人的倾心的诉说和嘱托；一个是远景，群山环抱中的我出征前全体将士向祖国母亲发出的庄严的誓词。

内部的三个技巧，由于选择的不同，也会体现出风格的不同。比如，齐越善用想象联想，即情景再现的技巧，来激发自己的情感和播讲愿望，他的播音形象生动，激情饱满。夏青则善用内在语（所谓内在语，是播音语言表达的内部技巧之一，是播音员激发播讲愿望的一种手段。它是指稿件中的文字语言不便表露、不能表露、或没有完全显露出来的语句关系和语句本质。）来显示播音的情感态度，激发自己的播讲愿望。所以他的播音严谨端庄，寓意深刻。

对象感，也是内部技巧之一。由于播音员坐在播音室里播音，眼前看不到观众、听众，为了和观众、听众交流，必须在心里感到观众听众在眼前的存在，并同感觉到的听众、观众交流，这就是对象感。由于每个播音员设想的观众的不同，也会体现出其风格的差别。徐曼播音时，设计的收听对象是一个人，是自己亲爱的台湾同胞，所以她的对台广播体现出了亲切热情甜美的风格；丁然的播音，喜欢设计几个或更多一点听众，体现出了持重昂扬的风格。

2．外部技巧的独到运用

播音语言表达的外部技巧，包括停连、重音、语气、节奏四个方面。外部技巧赋予思想感情以一定的物质形式。

外部技巧的运用，不同的播音创作者的方式方法不同，体现出的创作特点和风格也不同。

比如：

在停连这一技巧的运用上，夏青善于多停少连，他停顿的时间长，而思想感情的线索又不断，经常被同行称为"绝妙的一停，惊人的一顿"，这是因为他的许多停顿，既是在文章的情理之中，又是在听众的预料之外。夏青说："要用这个停顿，给听众一些时间，让他们思考一下，把他们的注意力集中起来，把他们带进来，领他们一起去。"夏青的停顿方法多是扬停（即停顿时语尾扬起），这样从声音形式上给人以停而不断，语句有继续推进力量的感觉。体现出他严谨端庄的风格。比如"我们中国人民▲有志气▲、有能力，▲一定▲会在不远的将来▲赶上或者超过▲世界先进水平"。这段话中，他用了六个顿挫，并用扬停，语句稳健，语言铿锵有力。

铁城的播音，多连少停。他主张：长句子的处理，"首先要一气呵成"。① 比如上面这段话，铁城只在"将来"后面停一下，其余部分都连起来，体现了他粗犷酣畅的风格。

在重音这一技巧的运用上，方明重音的强调原则是少而精，他主张抓"句眼"，即抓住一段话中最关键的词，精雕细刻，全力以赴突出出来，其余地方的所谓重音，都要为之让路。从而显示了他潇洒飘逸而又精雕细刻的风格。有时，为了找到句眼，他要反复琢磨和思考。例如，方明回忆他当年播赞颂杨水才的通讯中一段的重音的选择时，他是这样说的："当年播的杨水才事迹的通讯，其中有一段是叙述杨水才去世时的情况的：

'太阳都长起老高了，杨水才还没有起床。乡亲们下地回来都吃早饭了，发现杨水才的小门还关着，推开小门一看惊呆了，

---

① 引自铁城《广播新闻语言特点及表达方法》，见李瑞英、刘连喜编著《广播电视播音与节目主持人》第19页，辽宁人民出版社1991年12月出版。

小油灯还在亮着，桌上放着毛主席著作、水道杨的发展规划，而他——杨水才就坐在桌前去世了。'

这个情节是表现杨水才一心为集体、'小车不倒只管推'的精神境界。那么这段话中哪个词最能体出现人物的精神境界呢？'句眼'在哪里呢？我曾反复琢磨过，放在'去世'上，不行，人去世是自然规律，谁也不能违反；放在'桌前'，也不行，没有什么实际意义；只有'坐'这个词最能体现杨水才的精神境界，他到死都没有离开他的工作。于是，我播的时候，就在这个'坐'字上重重地加了一笔，使人物的闪光点充分显示出来。"

夏青的重音强调，多是加强加重，体现了庄重的风格；林如的重音强调，多是以情托出，表现了含蓄的风格。

在语气这一技巧的运用上，主要反映在语势的变化上。（语势可分为"上山类"、"下山类"、"波峰类"、"波谷类"、"半起类"。）方明善用上山类语势，潇洒飘逸，显示出语言表达的阳刚之美；林如爱用波峰后的波谷，含蓄深沉，显露出语句处理的阴柔之美。

在节奏的处理上，齐越善用节奏的变化，显示豪放的特征；夏青语言节奏稳健，体现出严谨的特点。如，他们都朗诵毛主席的词，《沁园春·雪》。听他俩的录音，你就会感觉到：齐越的朗诵，语势高低变化频繁，语句之间大停大连，语言速度忽快忽慢，全篇节奏变化明显；夏青的朗诵，语势高低起伏错落有致，语句停连严谨规范，语速掌握平稳稍慢，全篇节奏匀称稳健。

（二）语言表达样式的独特运用

播音语言表达样式，有宣读式、报告式、评述式、交谈式、讲解式等。不同播音员在播音中，习惯于以某种语言样式为主的表达，这样也体现出了其某种风格特点。

比如，夏青的播音，贯以宣读式为主，即工整规范、重音长重、多停少连，显示出其严谨端庄的风格特色。林如的播音以报告式为主，即"半说半读"①，"一些重点和句子，可以放下来说"②，显出质朴自然的风格特点。如，播"中国共产党章程（草案）"，听夏青的播音字字铿锵，体现出了宣读式的特点，显示出其规范性、权威性和庄重性；林如播这句话，只把"章程"选为重点，以读的方法强调，其余的词都放下来说，体现了她的"半说半读"，听她的播音，我们也同样感到了其法规性和权威性。

（三）语句组织的独特构思

这里有两层含义，一个是语言表达时，对句与句之间有声语言形式的处理；一个是在主持节目时对语言的组织。

比如，方明在语句关系的处理上，善用"爬坡"，即一句比一句的分量重。他强调的句眼，往往是他爬坡的顶点。比如方明朗诵贺敬之的《回延安》这首诗的前几句：

"心口呵，莫要这样厉害的跳；
灰尘呵，莫把我的眼睛挡住了。

手抓黄土我不放，
紧紧贴在心窝上。

几回回梦里回延安，
双手搂定宝塔山。"

在这几句之间关系的处理上，他把"双手搂定宝塔山"的"定"作为句眼，他语句处理从低到高，感情表达由弱到强，爬

---

① 林如语。
② 林如语。

第八章　播音风格的体现

向坡的顶点，由这个"坡"，把这几个句子都连起来，由这个"顶点"的确定，使得几个句子主次分明，重点突出，体现了他语言流畅，重点鲜明的特点。

夏青在语句关系的处理上，善于平稳推进，从而体现了他稳健端庄的风格。

在主持节目时，语句组织还体现在对语言的选择编排上。沈力在谈及这方面的问题时说："主持人应该拿出自己的见解，根据自己的感受和习惯，讲自己的话，这样，才有可能形成自己的风格。"[①] 沈力在语言的组织上，体现了她的这一见解。

如，在"洗衣机纵横"节目的开头，编辑设计了一组人们争相购买洗衣机的画面，画外音是："随着人民生活水平的不断提高，洗衣机进入了越来越多的家庭。目前市场上供应的洗衣机，主要以波轮式为主，而洗衣机的生产则正在向半自动和全自动方向发展，那么选择和购买哪种洗衣机好呢？我们先不忙定论，还是在洗衣机市场上浏览一下为好。"接下去的是介绍各种洗衣机的性能和特点。沈力认为，解说词这样的安排没有什么不当之处，但她觉得，要让她讲，就感到和观众的距离还不够近，还不能体现出她平易亲切的风格。于是她又改成面对观众讲："很多朋友来信说，现在洗衣机种类比较多，不知买哪一种好，让我们给参谋参谋。因为我们不了解您家里的具体情况，这个参谋怕当不好，所以就录制了一个节目叫'洗衣机纵横'，向您介绍各类洗衣机的特点，您可以根据自己家的情况和条件看看买哪种好。"从表现形式和语言的组织，体现出了沈力一贯的平易亲切的风格。

---

① 引自沈力《谈主持人的个性形成》，见李瑞英、刘连喜编著《广播电视播音与节目主持人》第189页，辽宁人民出版社1991年12月出版。

(四) 有声语言声音形式的不同

无论是独特感受，还是独特的表达，最后都要通过声音形式体现出来。离开了声音形式这个表现的物质载体，听众和观众也就无从感知播音风格美的存在。正如离开了油彩笔墨无法感知绘画美，离开了大理石无法感知大理石的雕塑美一样。播音的声音形式，同油彩笔墨、同大理石等有相同的一面，它们都是艺术创作的物质材料，都是体现艺术风格美的物质基础。作为物质材料本身，都具有自然属性。同时，播音创作的声音形式还有其社会属性的一面。它是人体的一部分，是一个社会化的过程。有的人声音浑厚，有的人声音高亢，这些都是体现风格的基础。这里，既有静态的声理构造等自然属性的声音本色，又有动态的由社会属性决定的情感态度的体现。只有二者结合起来，才是有意义的声音，才能具有风格。

比如夏青，声音自然条件浑厚，但单是浑厚，并不能说他的声音体现了他的风格，只有这浑厚的声音同其情感态度结合在一起，才能是我们所指的体现播音风格的声音要素，只有这个声音，才能体现出他庄重的播音风格。再比如，徐曼的声音并不宽厚，应该说相对单薄，这个单薄，并不能成为体现她风格的要素，只有这个单薄中蕴含了亲切的感情时，才可能成为体现其播音风格的要素，即亲切甜美的声音。

声音条件虽然各异，但普通话播音的语音标准则是共同的，标准只有一个，汉语拼音方案。那种把不标准的普通话作为一种风格特色，是一种错误的理解。

当然，由于有音位变体理论的客观依据，在同一个标准下，可以有不同的变。这种变体，也为风格的不同体现创造了条件。比如，为了表示亲切一些，或是对少儿广播，发音可以稍前一点；为了显示庄重的色彩，发音可以稍后一点。这种变体都是在不改变原普通话字音的意思，才能成为可能。

总之，当声音的自然属性与社会属性同时展示的时候，声音才成其为体现风格的要素。

二、副语言的表达

电视播音员在播音或主持节目以及现场采访时，不光有声语言在传递着信息，而且其眼神、表情、体态服饰等，也都在传递着信息。后者，我们称之为副语言。副语言的不同，也成为不同播音风格的体现要素。

目前，电视屏幕上所见的电视播音员的图像，大多是半身图像和特写镜头。这说明两个问题：一个是近景或特写，容易使副语言，即面目表情的动作在屏幕上放大从而显得夸张。电视播音员面部一个微小的动作，如是在日常生活中，是不大会被人们留意的，而在电视屏幕上，则会非常明显地显露，成为一种明确的信息符号，形成传递某种信息的标志。所以，副语言在电视播音中起举足轻重的作用。出半身图像和特写镜头还说明，目前，电视播音副语言展示的天地还不宽，还有进一步挖掘和运用的潜力。

电视播音，观众首先看到的是电视播音员的形象。其形象，既具有自然属性，又具有社会属性；既具有外在的表象，又具有内在的气质；既要求静态美，更要求动态美；即要求可视性，更要求可信性。所以，从形象上来看，一人一面，从性格上来看，一人一样。有的文静典雅，有的活泼开朗，有的亲切热情，有的持重端庄。比如，张悦和李扬共同主持"为您服务"节目，一个面目表情亲切文静，体现出持重典雅的风格；一个神态举止变化丰富，体现出活跃滑稽的特点。同是主持"正大综艺"节目，赵忠祥身体动作幅度不大，肢体动作不多，显得朴实持重；姜昆则动作频繁，溢于夸张，观众都不会忘记他给"不看不知道，世界真奇妙"这句话配向上大幅度伸手臂的夸张动作，类似这样的副语言的夸张的动作再同他的语言表达相配合,体现出了他活泼诙谐的风格。同是主持少儿节目,鞠萍更多地是投身孩子们中间,跟他们一起做剪纸,有明显的参与感,体现出"知心姐姐"的形象;晓白则是坐桌前,以更多的示范,向孩子们讲解剪纸的窍门儿,有明显的引导性,体现出"家庭教师"的特征。"观察与思考"节目的主持人肖晓琳,手拿一支笔,体现了文静善思的特点,"文化生活"的主持人刘璐,身披一身纱,显示了洒脱华丽的特色。

以上所述,那一举手、一投足的副语言的不同,时时刻刻都在体现着不同的风格特征。

第三节 整体美

先看几个实例。

某电视台一位播音员形象俊美,衣着典雅,平时在电视屏幕上给人秀美文静的风格。一次她参加一场扑救重大火灾的现场报道,她身上溅满了泥浆,脸上流淌着泥水和汗水,但她全然不顾,她密切关注现场动向,全身心地投入到紧张的现场报道中,给电视观众以强烈的感染,受到许多观众的好评。试想,如果她报道时为了保持平时那漂亮的形象,还是那样温文尔雅,那么无论她长得多漂亮,穿得多美丽,声音多好听,此时观众也不会认为美,只能是反感。

某一节目主持人,春节前到电影发行公司去采访有关领导,请他向观众介绍一下春节期间将要上映的影片。采访是在室外边走边谈,这位播音员身着一件深红色呢制风衣,又系上一条淡绿色围巾,显得很漂亮。当这位播音员回到电视台进行后期制作,坐在播音室出半身图像介绍当时采访的概况时,还系着那条围巾,使观众感到很不协调。因为客观上播音间里没有室外那么冷,所以再漂亮的围巾也没有必要系。

一位一时很有名气的少儿节目主持人,接到一位观众来信,说她的表情神态"做作",给这位主持人泼了一瓢冷水,使她又开始重新总结自己几年来的播音和主持节目的创作。几年前,她以"亲切活泼的姐姐"的形象出了名。近几年,她一直以"要保持住这一良好的形象"的心态投入播音创作,无论是用声,还是化妆和面目表情,都要以"姐姐"为准则,没想到几年后的今天,她受到了观众的批评。这是因为,那时她才19岁,是一个姐姐的形象,今天的她已经结婚,成为"阿姨"的形象了。作为播音员或主持人的她,应该根据自身的情况,去寻求"阿姨"美的形象了。如同刻舟求剑,无论花费多大力气,也是没有用的。

从上边3个例子我们可以看出:美在和谐中,美在环境中,美在流动中。

由此可见,播音创作必须注重整体,播音风格,也正是在整体美中体现。

保证创作的整体性、完整性,也是艺术创作规律本身所要求的。著名艺术理论家亚里士多德最早从整体性的角度提出艺术作品的特征问题时指出:"美与不美,艺术作品与现实事物,分别就在于美的东西和艺术作品里,原来零散的因素结合成为一体"。[①] 他还进一步指出,艺术作品必须"像一个完整的活东西,给我们一种它特别能给的快感"。[②] 席勒把整体性作为艺术美感的四大要素之一。歌德说:"艺术要通过整体向世界说话。"[③] 别林斯基认为:"在艺术制作中,必须没有任何不完整的、不足的或多余的东西,每个特征和每个形象都应该是必要的、恰当其位

---

① 亚里士多德:《政治学》,引自朱光潜著《西方美学史》(上)第61-72页。
② 亚里士多德:《诗学·诗艺》第82页,人民文学出版社1982年8月出版。
③ 《歌德谈话录》第137页,人民文学出版社1978年出版。

的。"① 在黑格尔看来,"真正的艺术作品,……为整一的心灵所创造的整一的亲切的作品,不是从外面掇合拼凑的,而是全体处于紧密的关系,从一个熔炉,采取一个调子,通过它本身产生出来的,其中各部分是统一的。"② 我国古代文艺批评家刘勰说,作品须"首尾周密,表里一体",主张艺术家要"弃偏善之巧,学具美之绩"。③ 李渔也说:"编戏有如缝衣,其初则以完全者剪碎,其后又以剪碎者凑成。剪碎易,凑成难。凑成之工,全在针线紧密;一节偶疏,全篇之破绽出矣。"④ 更是明确地表明了对整体性的追求。

马克思指出,风格美"是许多规定的综合,因而是多样性的统一"⑤。车尔尼雪夫斯基认为,美是"活生生的人的一切力量和才能的共同行动"。⑥ 辩证唯物主义认为,美的本质归根到底是人的本质、本质力量的对象化。而人的本质、本质力量则是多层次、多侧面的统一体。体现人的本质特征的认识世界、多侧面的统一体。体现人的本质特征的认识世界、改造世界的各种本质力量,如思想、情感、意志品格、智慧、才能等等,在认识世界和改造世界的实践活动和对象化过程中,不是漠不相关,分别动作,而是在大脑神经中枢的统一调度指挥下协调一致的,从而有可能在对象世界中完整地复现和显示自己的全面本质,创造生动丰满的整体美。所以,艺术风格美,体现于艺术整体美,是客观

---

① 别林斯基:《别林斯基论文学》第207页,新文艺出版社1958年出版。
② 黑格尔:《美学》第1卷,第375-376页,人民文学出版社1958年出版。
③ 刘勰:《文心雕龙·附会》。
④ 李渔:《闲情偶记》,中国戏剧出版社1959年出版。
⑤ 马克思:《〈政治经济学批判〉导言》,《马克思恩格斯选集》第2卷第103页。
⑥ 转引自普列汉诺夫《尼·加·车尔尼雪夫斯基》第198页,上海译文出版社1981年出版。

第八章 播音风格的体现

规律。播音艺术也不例外，播音艺术的风格也是在播音艺术创造整体美中体现。

看看播音创作实践，我们就会发现，那些著名的播音艺术大师们无不从自己独有的播音创作的整体美中，体现他们的风格特色。

齐越说："要从整体把握，是我的一个重要的业务观点。"[①]他在播音创作中，其整体的把握，时空跨度大。他播歌颂自卫反击战中"新一代最可爱的人"，联想到朝鲜战场上我志愿军战士这"最可爱的人"，同他几十年前播魏巍的长篇通讯《谁是最可爱的人》进行对比，找他们的共同点和新一代最可爱的人的时代特征。他播《把一切献给党》歌颂中国的保尔吴运铎，想到了苏联的保尔·柯察金。他播《县委书记的榜样——焦裕禄》，联想到了全国成千上万的做农村工作的干部。他播《为了周总理的嘱托》，歌颂植棉劳模吴吉昌，想到了包括他自己在内的千百个被周总理从"四人帮"的铁蹄下解救出来的人。他播歌颂拥军优属模范的报道，想到了几十年前人民解放战争中那车轮滚滚的支前大军。他的想象跨时代、跨国度，他整体把握时空跨度大的特点，体现出了他气势磅礴，雄浑豪放的风格。

夏青说："播音不能光从自己出发，单看稿件也不够，要多从听众那里想一想"[②]，他主张"把逻辑的链子拴到听众那里去"[③]。他在播音语句表达中，体现了他开放形态的逻辑严谨、庄重稳健的风格。

林如说："构成整体美，一方面要求各要素自身相对完美；一方面还要求多要素之间的关系统一协调。如果说，片子拍摄得

---

① 齐越谈话录。
② 夏青谈话录。
③ 夏青谈话录。

好、剪辑得好、韵好、词也好,这几个'好'相加,不一定等于总体好。各种表现力相争,只能相互抵消。各种表现力相让,那么在'美'的创造中,各自都能起到最好的作用,收到最佳的效果。"① 林如在她这一整体创作观的指导下,她在电视片解说中,注重"跟"、"贴"、"让"。"跟",就是跟上片子的发展,把握全篇的整体,使语言表达的感情情绪不断线。"贴",就是贴切,从总体上注重同全篇风格的吻合,使自己的语言表达情绪发展不游离。"让",就是把表现力让给片子,把创造天地让给观众。比如,一部风光片中有一组丰收场面的镜头,画面相继出现了苹果、山楂、梨、柿子……。解说词很简洁:"金色的秋天,丰收的季节。"林如认为:"在这种情况下,如果在苹果的画面刚一露头就忙着读,便令人感到沉不住气,有'抢先'的感觉。这一组镜头很美、很具体、很诱人,可以让画面的表现力充分发挥,然后解说者再说出观众心中发生的感叹:'金色的秋天,丰收的季节'"②。林如的这一创作的整体美,体现出了她含蓄内在的风格。

方明的语句处理上的"爬坡";重点强调上的"句眼";层次关系上的"连点";篇章把握上的"红线";创作想象中的"立体图像",创作意境表现中的"动静虚实"等等,构成了他一系列的整体创作观点,体现了他气脉贯通,洒脱畅达,意境生动的风格。

以上四位播音大师,从不同的方面,把握了播音创作整体美的特征,体现了他们的不同风格。

---

① 引自林如《电视片解刍议》,见李瑞英、刘连喜编著《广播电视播音与节目主持人》第180页,辽宁人民出版社1991年12月出版。

② 引自林如《电视片解刍议》,见李瑞英、刘连喜编著《广播电视播音与节目主持人》第180页,辽宁人民出版社1991年12月出版。

第八章 播音风格的体现

我们再看电视节目主持人沈力,她在组织修改解说语言,要使其适于自己平易特点的一贯性中,体现了她整体上的亲切自然的风格。

中央电视台播音员李娟,从声音与画面的统一的整体上,体现了解说的精巧细腻的风格。她强调,电视播音员要熟悉电视镜头的表现手段,使自己的语言表现手段与之相吻合。播音员对电视镜头的推、拉、摇,画面表现速度的快慢,中、近、远、特写等景别的运用,画面色调的冷与暖等,都要有一个总体把握,使整个创作和谐统一。比如,她解说的电视音乐舞蹈片《春江花月夜》,有这样一组画面:随着"春江花月夜"的乐曲声起,画面上出现了这样一个特写镜头:陈爱莲扮演的一个古代少女,双手各拿一把半月形羽扇,掩面起舞。有三句画外音:

"扇子如花开时的喜悦;
扇子如浮云掩月时的含羞;
扇子如夜莺飞翔时的轻快颤动……"

李娟解说时,第一句,在两面扇子打开时播出;第二句是在扇子合起时播出;第三句则是在扇子轻轻抖动时播出。她把每一句话,都巧妙地压在一个完整的乐句上。为了和画面的意境相配合,也为了不干扰观众欣赏画面并力图把观众带到这个意境中来,她在解说的发音时,声音贴近话筒,气息和音量控制匀细,听起来像是悄悄地看着花开、云游、鸟儿抖翅的场景,从而使得语言与画面交相辉映,创造出了一个整体的完美的意境。在这整体的表现中,我便可以感到李娟那精巧、细腻的播音风格。

播音创作是一个复杂的系统工程,播音创作的整体美有多种表现形态和范畴。包括语句之间的相互关系;篇章结构的完整统一;感受理解与表达的统一;形象感受与逻辑感受的统一;具体感受与整体感受的统一；内部技巧与外部技巧的统一；声音与形象的统一；语言与副语言的统一；配音与画面的统一；思想感情与艺术表现的统一；自身风格与原作风格的统一；稿件的处理与节目风格的统一；表达手段与听觉规律的统一；播音员的"小我"与党的宣传员的"大我"的统一；创作实践与生活实践的统一；等等。播音员只有处理好这些关系，以自己独有的方式把握住播音创作整体美，才能从整体上完整地体现出自己的播音风格。

第九章　播音风格的成因

播音风格的成因是多方面的，概括起来有两大方面，即客观原因和主观原因。客观原因包括时代、民族、阶级、地域与电台、节目与稿件等；主观原因包括播音员的性格气质、生活经历、审美追求、业务条件等。而这主客观的两个方面，又通过播音员的播音创作实践统一起来。

第一节　客观原因

一、时代

任何艺术风格的形成，都同时代密切相关。所有艺术家的创作个性，也都带有其深刻的社会历史必然性，正如恩格斯所指出，都"没有能超出他们自己时代所给予他们的限制。"[1] 鲁迅先生也说："风格情绪之类，不仅因人而异，而且因地而异、因时而异。"[2] 这些都说明了时代对播音风格形成的重要作用。

新闻是时代的产儿，播音是时代的艺术。时代对播音创作的影响，对播音风格形成，较之对其他艺术的影响更为明显。不同时代的政治、经济文化、人们的实践活动、社会思潮、价值观

---

[1] 恩格斯：《社会主义从空想到科学的发展》，《马克思恩格斯全集》第3卷，第405页。

[2] 鲁迅：《准风月谈·难得糊涂》。

念、审美追求,对播音风格都会产生强烈的影响。

战争年代,我延安、陕北的播音员直接参加当时人民革命和人民解放的战争,他(她)们既是宣传员,又是战斗员。他(她)们播音时尽管头上盘旋着敌机,旁边爆炸着敌弹,但他(她)们透过这弥漫的硝烟,看到了蒋家王朝行将灭亡的必然,看到了人民共和国即将诞生的明天。所以,他(她)们信心百倍,从容坚定。"骂起敌人来义正词严,讲起我们的胜利又很能鼓舞人心"①。体现出了憎爱分明、昂扬刚健、气势磅礴的战斗风格。和平建设时期,播音风格亲切活泼,清新明快。

时代对播音风格的制约作用,既体现在同一时期给不同播音员造成的相同之处,还体现在不同时期同一播音员的不同之处。比如,中央人民广播电台播音员张悦,她参加播音工作在60年代末70年代初,正值那"火红"的年代,所以她的播音不能不打上时代的高喊的烙印,那时的播音被人们称为"高、平、空、冷、僵、远";改革开放新时期,她找到了适合自己声音条件的亲切、甜美的播音风格,创造出了属于自己独有的播音风格的美。林如的播音风格是含蓄。50年代和60年代初,她的含蓄中体现出了质朴的特点;10年动乱过后,她的含蓄又体现出了深沉的特征;改革开放新时期,她的含蓄又透出畅达清新的特征。

由此可见,时代对于播音风格的成因,具有重要作用。

二、民族

播音创作的风格,不仅受迁于时代的风尚,而且还根植于民族的土壤,"镌刻上民族性的烙印"②。

---

① 毛泽东对陕北台播音员的表扬。见《中国人民广播回忆录》(第三集)第9页,广播出版社1983年5月出版。

② 普希金:《短论抄》,见《文学的战斗传统》第42页,新文艺出版社1953年出版。

第九章 播音风格的成因

民族性是在特定的民族条件下,由于政治、经济环境的制约,社会风尚和文化传统的影响,所产生的民族共同感情、心理,所显示出来的民族特征。别林斯基说:"法国人的民歌常常是放肆的,永远快乐的,德国人的民歌沉郁或有宗教气味,俄国人的民歌则阴郁、沉思、有力。"[①] 鲁迅也说:"法人善于机锋,俄人善于讽刺,英美人善于幽默。"[②] 歌德称:"中国人在思想、行为和情感方面","更明朗,更纯洁,也更合乎道德"[③]。这些都从某些方面,道出了不同民族的民族素质、民族性格和民族精神。

那些已形成风格的我国优秀播音员的播音创作实践,都体现着中华民族的民族精神和民族性格,显示出中国作风和中国气派。中华民族是一个勤劳、智慧、勇敢、顽强、坚定、自信、豪迈的民族,其民族精神的内含,既有其区别于其他民族的独特性,又有其丰厚性。体现在艺术创作中,它具有:刚健豪迈的气派、飞动传神的韵致,空灵含蓄的境界。在播音创作中,我们可以从齐越的播音创作中感受到那拔山填海的浩然之气,那巨刃磨天的磅礴之势;从夏青播音中,我们可以感受到那庄重稳健、不亢不卑之态,落落大方,泱泱大国之派;从方明的播音创作中,我们可以感受到那飞动传神之韵,那骨峻坚韧之质;从林如的播音创作中,我们可以感受到那无我空灵之境,那质朴含蓄之风。

由此可见,播音风格的形成,离不开民族的土壤。只有那体现着民族精神、民族性格、民族特色的播音风格,才能适应中华民族的审美要求,才为广大人民群众所喜闻乐见,才具有生命

---

① 别林斯基:《论人民的诗》,《别林斯基论文学》第77页,新文艺出版社1958年出版。
② 鲁迅:《准风月谈·"滑稽"例解》,《鲁迅全集》第5卷,第389页。
③ 《歌德谈话录》第112页,人民文学出版社1978年出版。

力。

三、阶级

我们先看一段原中央广播事业局局长梅益同志1965年从广东给齐越写的信:"……海丰的天空不全是我们的,一到夜晚,美帝的、日本的、南朝鲜的、南越的、蒋帮的、甚至澳门的电波都交织在一起,可是哪个电台是我们的,哪个是敌人的,可以从播音的风格中立刻区别出来。我们的播音是谨严的(主要是政治上的严肃,以及由此而来的正派、认真、工整……等等)、乐观的(大国风度的、坚定的、充满信心的、说理的)和爱憎分明的(战斗性的、鲜明的、感情饱满的……等等)","我时常为我们的播音风格而自豪。"[①]

这段话充分表明,播音风格中包含着阶级因素,播音风格的形成,受阶级的影响。

在阶级社会里,任何艺术风格都会受到一定的物质生活条件所产生的一定阶级的审美要求和审美理想的影响和制约。播音风格当然也不例外。而且,由于播音工作具有广播电视的新闻属性,广播电视是宣传和体现阶级意志的工具,是党的喉舌,所以,播音风格的阶级性特征就较为明显了。

与此同时,应该看到,播音风格所体现的无产阶级的情感的内涵是丰富的。这是因为,一方面,无产阶级从事伟大的社会革命和社会实践活动,其实践的内容是丰富的,无产阶级认识世界和改造世界的内容也是丰富的,所以无产阶级播音创作的情感的内涵也应该是丰富的,风格的形式也应该是多样的,既有"四海翻腾、五洲震荡",也有"莺歌燕舞、潺潺流水"。另一方面,我

---

① 梅益:《给齐越的信》(1965年12月4日),见《梅益谈广播电视》第392页,中国广播电视出版社1987年出版。

第九章 播音风格的成因

们还应看到，无产阶级是人类历史上最先进的阶级，它肩负着埋葬旧世界，开创新世界的光荣使命，代表历史发展趋势，具有强大的生命力，而集中体现无产阶级利益的中国共产党，则更是一个朝气蓬勃的党。因此，无产阶级播音风格的一个特点就是：向上，即朝气蓬勃，亲切明朗。这种"向上"和"多样"的辩证统一，便构成了无产阶级播音风格的的特征。那种片面地"高喊"，那种在十年动乱中形成的"高、平、空，冷、僵、远"的播音腔调，是与无产阶级的播音风格格格不入的。

四、地域和电台

地域　我国地域辽阔，电台、电视台分布全国各地。不同地区的社会风俗习惯不同，艺术审美情趣各异，这些也影响播音风格的形成。比如，江南一带电台、电视台播音员的播音风格比较委婉、柔和；北方电台、电视台的播音风格较为刚直、粗犷。

电台　中央台、省台、市台，彼此播音风格都有不同。一个播音员长期在一个台工作，他的播音风格会受那个台的特点和台里其他同志播音风格的影响。比如，中央台的庄重、大度，地方台的活泼亲近。由于电台和电视台传播手段不同，电台播音员只能凭声音，电视台播音员除声音外可以借助形象和画面等来传播信息，所以，在电台播音的同志体现出规范、稳健的特点，搞电视播音的同志显示出自然、轻快的特色。

五、节目和稿件

节目和稿件对播音风格的形成，起着直接的制约作用。长期主持农村节目的播音员，他的播音朴实亲切；长期主持少儿节目的播音员，她的播音活泼开朗，娓娓动听。经常播评论、消息等书面语稿件，容易形成严谨、端庄的风格，经常播出对话等口语比较强的稿件，容易形成活泼自然的风格。

比如，同是虹云，她播《大众经济》节目显示出活泼、灵动的特点，播《午间半小时》节目体现出热情、持重的风格；播《新闻和报纸摘要》节目表现出热情、明快、昂扬的特征。可见不同的节目为她在热情这一风格总的基调上的风格的丰富和变奏起到了作用，这些节目也都同时促进了她热情风格的形成。

中央人民广播电台《午间半小时》节目的三位主持人虹云、傅成励、陈希，是按节目对他们提出的"三个人的性格要拉开距离，加大反差，以求各自的鲜明"① 来寻找自己表达个性和在节目中的位置的。傅成励在总结时说："按照这一节目方针，联系三位主持人本身各方面的特点，分别考虑了三个主持人的形象特征。虹云，应当是热情、善良、温柔、又有事业心的职业妇女的形象；陈希，应当是思想比较开放，反应敏捷，乐于并善于接受新知识、新观念的年轻女性；傅成励则应当知识面较宽、大度、有见解，经常对人们关心的问题发表看法。"② 在播音中，他们成功地做到了这一点，通过节目的要求，促使他们的创作个性和风格特征更加鲜明。

中央电视台的《东方时空》节目促成了敬一丹、白岩松、水均益、方宏进等一批主持人敏锐、思辨、富有活力的风格的形成。北京电视台《电视商场》节目也培养了秦洪峰等主持人"大众女婿"的风格。中央电视台《实话实说》节目促成了崔永元机敏、善辩的风格的形成。

---

① 中央人民广播电台《午间半小时》节目总结。
② 傅成励：《主持人形象与节目的个性》，见李瑞英、刘连喜编著《广播电视播音与节目主持人》第147页，辽宁人民出版社1991年12月出版。

第二节 主观原因

一、性格特征

不同性格特点,影响着语言表达的方式。播音员的性格不同,也直接体现其风格的不同。比如,虹云的性格较为活泼,其播音显得开朗、洒脱;张悦的性格较为温柔,其播音显得甜美、细腻。

性格气质,是人的一种生理心理素质的综合,是人类高级神经活动特性的有机结合,是先天素质与后天陶冶交互作用的"合金"。性格气质具有独特性和稳定性。它是播音员进行播音创作的心理和生理方面的内在动力,它构成播音员审美个性的生理心理基础。它主要通过情感、情绪的途径作用于播音员的语言表达方式。播音员外在的表达方式,必须与其构成审美个性的心理生理相统一,才能具有确实属于自己独有的稳定性和生命力的风格。比如,10年动乱期间,硬让张悦按照不符合她内在生理心理的"高喊"的方式来播音,其结果只能是失败。1979年,她开始"放下来说",找到与她性格气质相吻合的表达方式,她的播音"开始被听众承认,被同行关注了"[1],从而逐步取得了成功。

二、生活经历

播音员不是生活在真空中,社会生活的时空时时刻刻都在作用于他们。由播音员生理心理相统一的审美个性,不光具有其先天性,而且还有其社会性。所以,播音员的生活经历和社会实

---

[1] 张悦谈话录。

践，也影响着播音风格的形成。比如，齐越3岁丧母，自幼在家里受到继母的虐待和歧视，养成了富于反抗的倔强的性格；人民革命和人民解放战争的实践，培养了他憎爱分明、坚韧刚毅的精神，所以他的播音中体现出坚定豪放的风格特征。林如曾在教会学校学习，养成了她内在含蓄的性格特点，她的播音中显露出质朴清淡、含蓄自然的风格。她后来在10年动乱中受到了不公正的待遇，使她对生活有了更深的认识，她的播音风格更加含蓄、深沉、坚毅。由此可见，生活经历和实践对播音风格的形成具有重要作用。

三、审美追求

播音风格的形成过程，是播音美的创造过程。所以不同的审美追求和理想，对播音风格的形成具有重要作用。

比如，林如追求"无我"的审美境界，她在播音创作中便总是力求"跟"、"贴"、"让"，体现出了清淡含蓄的风格，具有感染力；铁城追求"洒脱"美，因而其播音体现出了粗犷酣畅、神采飞扬的风格，具有感召力。

审美追求以性格气质、生活实践为基础，同时还融进了文化素质、思想修养等重要特征。比如，齐越在播音创作中强调要追求一个"真"字，"对所播稿件要真动心，对广大听众要动真情"[①]，他的这种审美追求，同他思想修养密切相关，他对党的事业，对人民的广播事业赤胆忠心，具有高度的使命感和责任感，所以他在播音创作中，才具有一片赤子之心。因此他的播音总是给人以现场感、形象感、真实性和可信性。

---

① 齐越谈话录。

四、业务条件

这里主要是指嗓音条件和形象特征。前面已论述过,一人一面,一人一声,形象的不同,嗓音的各异,为播音风格的形成确定了前提和条件。夏青的庄重,通过他浑厚的声音体现出来;葛兰的清新,通过她明快的声音表现出来;刘佳的大方,通过她端庄的形象体现出来;沈力的平易,通过她和蔼的面容表现出来。由此可见,每个人的声音、形象条件是形成不同风格的基础。当然,这种条件只有和感情结合起来,才能具有生命力和表现力。离开了感受、感情,它只能是一个空壳。

第三节 创作实践

以上两节从客观和主观两个方面分析了播音风格形成的因素。而最终播音风格的形成、主客观因素的有机统一还必须靠播音员长期艰苦的、主动的实践。

实践包括两个方面,一个是生活实践,一个是业务创作实践。生活实践和自身素质的提高,在修养一章中展开论述。本节仅就业务实践方面进行探讨。

一、播音风格在实践的基础上形成

播音是一门实践性很强的艺术创作活动。播音创作规律的认识、创作工具的掌握、创作技巧的运用等都要在播音实践中进行。主客观两方面因素的有机统一,包括审美理想的实现等也都要在播音实践的基础上落实。没有实践这个基础,再好的审美追求、创作理想也不会化为现实。没有实践基础,多么高超的播音技巧也只能是纸上谈兵。所以,同其他许多艺术风格的形成规律一样,播音风格的形成基础也是实践。

二、播音创作实践是一个长期艰苦的过程

风格的形成不是一朝一夕的事,是一个长期的艰苦的不断实践的过程,也是一个反复实践的过程。播音创作规律的认识,创作手段的掌握也有一个不断、反复摸索的过程。尤其是语言和声音的锤炼、形象的塑造更是一个长期艰苦的实践过程。要想取得质的飞跃、美的实现,必然要经过无数个量的积累。而这量的积累的过程,需经过无数的艰辛,需要付出大量的心血汗水。

三、主动自觉地加强播音实践

播音风格的形成需要付出大量艰苦的实践,但这实践不应只是被动的。播音员应该在实践中发挥主观能动性,自觉主动地加强实践。第一,应该主动地加强实践。其中包括加强实践的强度、力度、宽度、深度,增加实践的数量,提高实践的质量。第二,在实践的过程中,注意发挥主观能动性,体现出创作主体在主客观因素统一过程中的重要作用。比如,时代是播音风格形成的重要的客观因素。播音员首先应正确认识并正视这一客观现实的存在。每个人都不可能超越自己所处的时代,无视时代特点去创造自己的个性风格。不管播音员自己承认与否,其播音个性中都不可避免地体现出时代特色。作为播音创造者,不应只是消极被动地自然受着时代的影响,而应主动研究并抓住时代的本质特征,主动地汲取时代精神所给予的营养,迎接时代挑战,展示时代特征。当代时代特征,是政治、经济、文化、科技等多种范畴意义的综合体现,播音要体现这一时代风貌,不能仅仅以为加快播音语言的速度和节奏就是体现时代风格了,而应综合考虑,注意把握时代的本质特征。第三,主客观多种因素在实际中把握应是联系的,综合的。比如在把握风格民族化这一因素时,还应注意联系时代。在强烈的时代气息的感召下,风格的民族特色才能

第九章 播音风格的成因

更富有活力，更具有新鲜感，更能体现自身的特点。主客观因素在实践中应是综合的统一。其中包括主动适应客观因素之间的相互关系，主动把握主观因素之间的相互作用，使主客观因素在实践中得以优化、统一。第四，主客观因素在实践中把握应是辩证的。比如，声音这创作手段的认识和把握，不能仅限于宽音大嗓能够形成庄重大方的风格，林如是"小嗓门儿"[①]，仍然表现出了庄重大方的风格特征。揭示庄重大方的角度应是无限丰富的，关键是创作主体要发挥主观能动性，寻找到最佳切入点。所以，树立辩证的观点，就会使实践的途径无限广阔。

四、正确认识播音创作过程中的模仿学习

一些初学者，为了学习播音，往往模仿电台电视台著名播音员的播音和节目主持人的主持。怎样看待模仿？这里有一个对模仿概念的认识，模仿度的把握。第一，初学者为了学习播音，往往下意识模仿优秀的播音创作。应指出，这种模仿，要从广义上去认识，从学习上去把握。第二，这一模仿，应掌握一个度。一个是时间上的度，限于初学阶段；一个数量上的度，模仿学习积累到一定量即可；一个是分寸上的度，模仿不应仅仅理解为原原本本地照搬照抄，模仿样板的影响要控制在一定的数量和范围内，要逐步学会培育自己的特点，发掘自己的长处。第三，反对机械模仿。机械模仿就是仅从声音和形象上去照搬照抄。有的人捏着嗓子去仿照他喜欢的播音员的嗓子，有的人修眉画眼，去按她喜欢的主持人的形象去妆扮。这种模仿，毫无学习的意义，只能是抹煞了自身的特征，还会损坏自己的嗓音，扭曲自身的形象。这样的模仿，背离了学习的初衷，是不可取的。第四，模仿的目的是学习。学习的目的，是在学习实践的过程中不断地发现

---

① 林如语。

自我，创造自我，学人之本，扬己之长，走自己的路，形成自己的播音创作个性和风格。

第十章　播音员的素质和修养

播音是一项创造性的活动。这就要求作为创作主体的播音员必须具备一定的能力。这种能力的获得，一方面靠播音员素质中先天的成分，更多的则是通过播音员加强各方面的修养，提高自己的综合素质获得。根据播音创作活动的特点，播音员素质的提高和修养的加强可以从政治素养、文化素养、业务素养、生活实践等方面进行。

第一节　播音员素养的构成

所谓素养的构成，就是指播音员素质和修养是由哪些内容组成的。

"人的素质就是人在质的方面的物质要素和精神要素的总和。"[①] "人的个体素质主要指先天素质、生理素质、心理素质、政治素质和文化素质等，它是个体人的体质、性格、气质、能力、知识、品质等各种要素的综合。"[②] 一个人的素质构成，从具备和获得方面可分为天赋素质（如天生的聪颖、敏锐或愚钝、迟滞、呆憨等）、获得素质（如经过后天的学习、训练获得的智力、能力、体力、德力等）。从表现形式上看，有基础素质（包括生理、生活、劳动、思维的能力），有专项素质和岗位素质等

---

① 　张颂：《播音语言通论》第 184 页，北京广播学院出版社 1994 年 3 月出版。
② 　张颂：《播音语言通论》第 184 页，北京广播学院出版社 1994 年 3 月出版。

等。

修养，是指一个人在理论、知识、思想、政治、道德、艺术、技能等方面经过长期锻炼、积累所达到的一定水平。

播音员的素养，既有广播电视传播者的共同特点，又有播音专业自身的特征。其素养应是综合的，客观的、具体的。

播音员的素养既有自然属性的成分。如先天生理方面的构成要素，像神经系统、感觉器官、嗓声、相貌上的素质；更有社会属性的内容，如后天在社会生活、社会实践过程中养成和习得。其中，社会属性的内容是主要的。素质和修养的加强，主要是指这方面的内容。

播音员的素养的内容主要包括：政治、思想、文化、知识、专业技能、职业道德等方面。也可概括为政治素养、文化素养、业务素养等。

政治素养，主要表现为政治理论、政治立场、政策观念和政治作风。播音员应在思想上政治上宣传内容上与党中央保持一致，在播音中坚持党性原则，贯彻全心全意为人民服务的宗旨。在播音宣传中体现出政治智慧、政治预见和政治坚定性。政治素养还要求播音员应具有良好的人品素质和职业道德。人品素质"是指位于人民信得过的信息传播者和代言人地位的广播电视传播者，为人要光明磊落，胸怀坦荡。"[①] 其人格应正直、忠诚；其资质应机敏、热忱；其行为应能自控、自导；其作风应团结奋进、求实创新。其职业首先应体现出恪尽职守、廉洁公正、遵纪守法、勇于奉献。

文化素养，指广播的知识、信息的了解和掌握，文化底蕴资源的储备，文化功力的不断加强，文化水平的不断提高。

[①] 闫玉主编《中国广播电视学》第672页，中国广播电视出版社1990年9月出版。

专业素养，主要体现在对专业技能把握和运用上。包括语音、声音、形象、表达技巧等业务实践的各个方面。

第二节 增强政策观念，提高政治水平

播音员（主持人）每天都在宣传党的路线、方针、政策，传达国内外发生的各种信息。播音创作是一项创造性的新闻实践活动。这就要求播音员应具有较高的政治水平和思想修养，较强的政策观念和新闻敏感。政治水平、思想修养、政策观念、新闻敏感，作用于整个播音创作活动，决定着全部播音技巧的运用，是播音创作成败与否的关键。

要加强这方面的修养，首先就要加强马克思主义理论的学习，树立辩证唯物主义的世界观和科学的方法论。马克思主义理论，是我们党制定路线、方针、政策的理论基础，是我们认识和分析客观现实和新闻事实的指导思想。所以，只有加强马克思主义理论的学习，才能深入地领会、准确地宣传党的路线、方针、政策，才能全面地理解、正确地报道新闻事实。学习马克思主义理论，关键是要建立起正确的世界观，掌握科学的方法论，从而指导播音创作实践。其中的核心，就是要运用辩证唯物主义和历史唯物主义的观点指导播音创作。比如，电台报道某某地方降了陨石雨，或报道一些未被揭示的宇宙天体的自然现象，有的播音员一见到这样的报道，就以神秘、奇特的语气和感情基调去播。而著名播音员夏青则认为，要对其进行历史的思辨。他说，历史唯物主义认为，世界上存在奇怪现象并不奇怪，没有奇怪现象反而奇怪了。所以播这样的消息，不必以过于神秘奇怪的语气去播，因为，目前出现的这种现象，虽然暂时解释不了，但随着科学的发展，人类的进步，其奥秘终将会被揭示。人类就是在不断地揭示这些奥秘，不断地认识和改造自然、改造社会的过程中，

获得不断发展和进步的。所以,夏青在播评价这些事件的稿件时,总是以"终将会被揭示"的充满信心的语气来播。

用辩证唯物主义的观点指导播音创作,就要本质地、联系地、发展地看问题,对稿件进行由表及里、由此及彼、由近及远的分析理解。比如新华社播发的一条消息,从文字表面上看,是24个县改市的名字,如果不进行由表及里的分析,很可能把这些城市的名字读出了事。但是如果进一步挖掘,就可以发现作者报道这条消息的意图是通过这些具体城市的名字,宣传我国城市改革所取得的巨大进展,赞扬和歌颂我国改革开放所取得的成绩。这样的分析理解后,才会激发起赞扬的感情和强烈的播讲愿望。再比如,播报河南花生丰收的消息,要播出新鲜感,播出特点来,就得联系山东花生丰收的消息,这样我们就可以看到,河南花生丰收是在大灾之年获得的,而山东花生的丰收是在上一年丰收的基础上进一步获得的。通过这样由此及彼的比较性思考,各自的特征便探究出来了。这样我们播花生丰收的消息,就不会都是单一的赞扬的调子,而是播河南花生丰收的消息,在赞扬的语调中包含坚毅的语气,以体现出河南人民抗灾夺丰收的精神;播山东花生丰收的消息,在表彰的语气中显示出昂扬语调,以表达山东人民连年夺丰收的喜悦心情。还比如,播报一篇有关一位农民党员带头致富的稿件,稿件中相当一部分篇幅是写他如何致富的,只是后边一段点了他致富不忘国家和广大人民群众,拿出钱来修路。稿件本身的结构安排与致富和修路所占篇幅的比例以及记者所给的分量不够理想,如果我们在播音时,不去认真分析,不去进行由近及远的思考,就很容易把重点放在他如何挣钱致富上。而作为播音员,要提高政治思想修养,就必须以发展的观点,以从运动的现在看到运动的未来的革命的政治家的预见性,重点突出他致富不忘国家和群众的精神,因为我们改革开放的根本目的是共同致富的道路,共产党人更应如此。

第十章 播音员的素质和修养

作为播音员,在加强政治思想修养的同时,在播音创作中,还要通过分寸感的把握,体现出较高的处理问题的政策水平。以夏青播送毛泽东主席逝世的《告全国人民书》为例。毛泽东主席逝世,举国上下,一片哀痛。作为夏青本人,也沉浸在万分悲痛之中。他在中央人民广播电台四楼的播音室里接到此稿时,声泪俱下。但播出时,他立刻又意识到,毛主席是深受全党、全军、全国人民爱戴和尊敬的伟大的领袖和导师,消息传出后,必然会引起全国人民极大的悲痛。播音员的任务是,既要把这无比悲痛的消息告诉全国人民,又要让全体人民化悲痛为力量。为了准确地把握这一分寸,他从一个高度,进行了心态调整。他认为,播音员不是我个人,我是中国共产党的播音员,是人民共和国的播音员,毛主席的去世,无疑是我党、我军、我国各族人民的巨大损失,但是党还在,祖国、人民共和国还在。我现在,是代表这个党,代表人民共和国,评价自己领袖的一生,评价祖国自己伟大儿子的光辉的一生。毛主席逝世,天安门广场下半旗致哀,红旗并没有落地,我们的党、我们的人民、我们的军队,一定会继承他的遗志,化悲痛为力量,中华人民共和国仍然巍然屹立在世界的东方。夏青以这样的态度感情,成功地播出了《告全国人民书》。

又比如,像这样一条消息:

"新华社消息:中华人民共和国政府照会日本驻华使节,谴责日本文部省在修改教科书时篡改侵华史实,把侵略中国说成是进入中国……"

一位新同志在中央台播这条消息时注意到了态度要鲜明,对其进行了强烈的谴责。夏青听录音后,首先肯定态度是鲜明的,但他又说,播这条消息时,既要态度、感情鲜明,不能对日本篡改侵华史实无动于衷,又不能以剑拔弩张、如临大敌之势去播。后者就是分寸过火了,失去了大国的风度。他认为,播音员播这样的消息，是代表我国政府发言，通过播音员的声音体现出来的态度、感情，不光是反映我国的立场，也体现我国的风度和气度。我国在国际事务中，不光要处理同日本文部省的关系，还要处理同中日友好协会的关系；不光是要处理同日本的关系，还要处理同美国、同苏联的关系，同欧共体和第三世界的关系；不光处理外交关系，还要处理经济、政治、文化、科技、体育等各个方面的关系。中国是一个大国，要有大国的风度和气度，遇事要沉着稳健，任凭风浪起，稳坐钓鱼船。中国政府处理这件事，既要认真对待，又要让人感到游刃有余。在处理这件事的同时，又要让人感觉到中国完全有能力处理其他事情。所以，如果按那种"如临大敌、剑拔弩张"的态度播出，会让人感到中国政府全力对付日本修改教科书这件事，甚至一切都不顾了。这样就没有反映好我国政府的形象。夏青在示范播出时，既有明确观点和感情，又以稳重坦然的态度表达。为了显示这条消息的分量，他语速稍慢，声调不高，声音不飘，句首出口稳健。为了显示分量，他只将"照会"二字上扬加重，予以突出，其余所有语句并未追求表面的严厉，听去只是摆事实讲道理的语气，这样既表达出了分量，又把握住了分寸，虽未有表面形式的"剑拔弩张"，确又给人以内在的威慑力。

再比如，在汉城奥运会的射击比赛中，南朝鲜给我们搞了个小动作，出了难题。这样的报道怎样播？夏青认为，播这个消息时，如果播音员一张口就是义愤填膺，那就混同于球迷的水平了，显得小家子气，没见过世面。应该把这篇报道放到全天的报道中去看，放到党和国家整个的政治生活中去看，从而找到合适的位置，给予它应有的分量：既指出南朝鲜搞动作这一事实，又以大将的风度对待它，这样分寸才能得当。

由于播音内容政策性强，所以播音员就必须加强时事政治和政策的了解和学习。试想，如果不了解当前经济改革的有关政策，就很难播好这方面的消息。如果不了解时事，也就很难准确地把握各种事件报道的态度。由于事件的多样性，由于政策的连续性、综合性，我们对事件和政策的了解和掌握，也应该是全面的、深入的。有一天，一位新同志在中央台播"新闻和通讯"节目。他拿到一篇稿子，题目是《市长爱鸟》，找林如辅导。稿件表扬陕西省某市一位副市长亲自登门拜访，表扬一位7旬老人牺牲自己利益去保护国家珍稀鸟类的事迹。这位老人家院子里有一棵大树，他原打算用这树木做寿棺，可是看这树是鸟群的栖息处，就一直没锯这树。后来市长知道后，表扬这位老人为保护国家野生动物所作贡献，并当场决定，由市里出钱给他买木料备寿棺。林如看了稿子后马上就提出，这篇稿件只注意了宣传国家保护野生动物的有关规定，但忽视实行火葬是殡葬改革方面的有关政策规定，从而把住了播出的最后一关。由此可见，政策水平的高低和政策的全面把握，是播音员政治修养的一项重要内容。

加强政治修养，始终不渝地加强党性锻炼，坚持坚定正确的政治方向，树立牢固的事业心和高度责任感，是培养党和人民可以依赖的合格的广播电视工作者的根本保证。

第三节 扩大知识结构，提高文化素质

提高文化素质，扩大知识结构，既是客观形势的要求，又是播音队伍素质现状的需要。

从客观上讲，当今社会，是信息的社会；当今时代，是知识爆炸的时代。广播电视，是信息的集散地、知识的汇集处、社会的联结点，要求从业人员必须具备较高的文化水平、较宽的知识面。播音工作又是电台、电视台各个节目传播的综合，要求播音员有较宽的知识面。播音员每天播送的稿件，古今中外、天文地理、人文自然，无所不包，只有具备较高的文化知识水平，才能

对稿件深入地理解感受。播音创作活动自身，也是一项复杂的系统工程，播音创作的时间又很紧迫，播音学科还具有边缘性。作为创作主体的播音员，只有具备较高的文化素质，才能把握其创作规律，完成这一创造性的工作。

从播音队伍和播音创作的实际情况来看，许多台站的播音员文化水平还不高。在播音中，由于其文化水平低下和知识面不宽而造成的差错屡见不鲜。比如，由于数学知识缺乏，把"勾三、股四、弦五"，播成"勾三股，四弦五"；由于近代史知识匮乏，把"五卅运动"，播成"五州运动"；由于文学知识贫乏，把"捉放曹"播成"提放曹"[①]；由于音乐知识缺乏，把"春江花月夜"播成"夜月花江春"（当唱片转动时看着唱片上的曲名读的)，等等。

由于知识贫乏所造成的差错，实际播音中的例子不胜枚举。这里有上边说的播错字句的，也有虽然字句未错，但感情表达不准的。比如，一位地方台的新播音员，给夏青试朗诵毛主席诗词《七律·长征》。其中"金沙水拍云崖暖，大渡桥横铁索寒"两句，他都用喜悦的感情、高昂的语调念出来了。夏青听了后，给他讲了我们红军是巧渡金沙江，强渡大渡河，在渡大渡河时牺牲了不少红军战士，毛主席用一个"寒"字以显示战事之艰苦，以悼念牺牲的烈士。夏青说，如果你有了这个历史知识，了解了强渡大渡河战事，才能体会到主席用一个"寒"字来悼念牺牲的红军战士的感情，在感情表达时，就自然不会盲目地以兴奋喜悦的心情去高喊这一句了。而是应该和前一句形成鲜明对照："金沙水拍云崖暖"，以上扬喜悦的心情突出"暖"字；"大渡桥横铁索寒"，以深沉内在的感情体现"寒"字。

一篇稿子，有时甚至是一个字、一句话，要想表达准确，都

[①] 李越：《播音导论》第83页，北京广播学院出版社1992年6月出版。

必须有深厚的知识积累作为支撑。比如:

1982年夏青应邀给北京广播学院播音系的学生辅导新闻播音。其中有一条是他播过的我国领导人会见一位第三世界国家领导人维埃拉总统的消息。在试播中很多同学都把其中我国领导人讲的两句话作为重点,加重强调突出,即:"要警惕有人插手你们的事务,搞小动作。""中国人说话是算数的。"夏青认为,"要警惕有人插手你们的事务,搞小动作"这句话,点到为止,不必突出,因为谈话的人是我国领导人,谈话的对象也是一个国家的总统。夏青说,只要你一点,人家就会理解。虽然这句话所含的信息,所表达的内容我们认为很重要,但不必突出。第二句要突出的话:""中国人说话是算数的",夏青认为应该把它作为重点予以突出,但突出时并不是趾高气扬地"拍胸脯"。夏青播这句话,语调并不高,他的语言表达稳重扎实,以诚恳的态度、令人信服的语言,向第三世界国家表明了我们将一如既往地发展同他们的友好关系以及对他们进行援助的态度。夏青说,这句话不要拔高,要播得扎实,要播出分量,这就要对它进行历史的思考。他说他是这样想的:在中国近代史上,英帝国主义侵略我国,杀我同胞,占我国土,似乎不可一世,我三元里人民一挥而起,说抗英,就抗英,杀他个人仰马翻,中国人说话是算数的;抗日战争时期,日本帝国主义大举进犯我国,侵占了我半壁河山,他们实行"烧光、杀光、抢光"的"三光"政策,一时间,神州大地,满目焦土,遍地火光;一时间"恐日症"和"亡国论"在一些地方流行,中国共产党领导中国人民说起来抗日,就起来抗日,他们用血肉筑起了新的长城,不怕牺牲,英勇奋战,终于打败了日本帝国主义,中国人说话是算数的;解放战争时期,蒋介石破坏和谈,国共两党谈判失败,有人想以长江为界,毛主席一声令下,"宜将剩勇追穷寇",打到南京去,百万雄师过大江,解放了全中国,中国人说话是算数的;1950年,美帝国主义把战火烧到鸭绿江边,有人说,中国刚解放,国内百废待兴,无力出兵再战,我党中央、毛主席经过深思熟虑,决定抗美援朝,于是,中国人民志愿军雄赳赳、气昂昂跨过鸭绿江,与朝鲜人民一起,打败了美帝国主义及其一切走狗,中国人说话是算数的。基于这样的内心依据,夏青出口播这句话,必定是内涵丰富,充满自信,稳健扎实的,它仿佛是史学家在对历史进行考证后所得出的令人无可置疑的答案:今天,中国人说话仍然是算数的。过去我们说过第三世界是我们的朋友,我们也是第三世界,我们首先要同第三世界发展关系,今后我们将一如既往同第三世界的朋友发展关系,在这样的内在语的支持下,夏青成功地播出了:"中国人说话是算数的"这个重点句子。可见没有党史和革命史知识,是很难播好这一句的。

增强文化素质,增加知识结构,对于播音员来说,就得学习、学习、再学习,刻苦地学习,不断地学习。

要组织系统的培训,进修学习各有关文化课。

要在工作中向稿件学习,通过各方面稿件了解掌握信息,学习积累知识。

由于播音学科的边缘性,要增加学习的广度,政治、新闻、传播、语言、文学、史地、心理、美学、社会学以及自然科学等所有有关知识都要学;由于播音创作的特殊性,还要强调学习的深度,对于直接作用于播音创作的新闻、语言、艺术、传播等,还要进行深入的研究。

第四节 加强专业修养,提高业务能力

专业修养是播音员修养中最直接的一环。播音员的专业修养,是指其从事播音创作所必需的关于创作规律性的知识,本领的培养、锻炼、积累和掌握。

第十章 播音员的素质和修养

从事播音创作活动所依据的各个要素，包括传播工具、传播内容、传播方式、表达手段、语言样式、受众心理等，都对播音创作者的能力和水平提出了要求，都从不同的方面规定着播音员专业修养的内涵和特点。

从播音创作的规律和特点看，播音员的专业修养至少应该由这样几个方面组成：理解感受能力的培养；语言表达能力的锻炼；生活实践的积累；姊妹艺术的借鉴。

一、理解感受能力的培养

任何艺术家艺术修养的内容中，都包括要具有一定的感受能力。播音员作为语言艺术工作者也不例外。同时，由于播音创作活动的特殊性，播音员理解感受能力的培养便显得尤为突出。这是由播音学科的边缘性、播音创作内容的多样性、播音创作所具有的二度性决定的。播音员每天要播大量的各种类型的稿件，尤其是大量的政策性很强的新闻稿件，如果没有深入理解的能力，是难以吃透其精神实质，把握好稿件的。播音员在播音时，看到的是一个个方块字，他只有把这些文字，通过自己的感受理解，还原到文字所反映的客观现实自身，才能真正地理解和表达好。这就需要播音员平时注意培养自己的观察力、分析力，同时注重形象思维和逻辑思维能力的锻炼和提高，以培养其理解和感受力。

二、语言表达能力的锻炼

语言表达能力，应包括语言基本功（发声、内外部技巧）的训练，对语言的组织结构能力，即兴表达能力和副语言表现力的培养和锻炼。

语言基本功的训练，是语言表达能力培养的最基本的一环，无论什么时候都不能放松。播音员是以语言作为最基本的创作工具进行播音创作的。良好的声音状态是播音创作成功的最基本的保证。而要获得良好的声音，必须进行长期的、艰苦的声音训练。由于声音训练不能一劳永逸，今天获得了好的声音状态，明天不练，就没有了，所以，必须播到老，练到老。语言内外部技巧的训练，是语言表达的基础，也必须经常练，无论是什么文体的播音，都离不开它。当然，基本功的训练，既要把握基本的共同的训练规律，又要根据每个人发声器官不同的生理构造特征和心理特征，实施不同的训练方法，切忌相互模仿，千人一腔。

由于电视播音和主持人播音等不同播音创作形式的出现，口头报道、现场采访等语言能力的训练，语言结构和组织能力的培训，即兴表达和副语言表现能力的培养和锻炼，也必然纳入语言表达能力训练的范畴。播音员这方面语言能力的培养和加强，应着重训练其适应力、应变力、敏捷反应力。其核心，是训练其思维和组织语言的能力。副语言的训练，一方面要训练其形象形体；一方面要训练其同传播媒介的配合；一方面要注意其基本的规范要求，锻炼其可视性；一方面要强调加强自身思想文化素质的提高，注重气质的培养，增强其可信性。

语言和副语言的训练，还应注意研究受众心理、接受方式等制约因素，以增强语言表达的针对性和感染力。

三、生活实践的积累

丰富的生活实践，是播音创作取得成功的基石。这一点已被许多著名播音员优秀的播音创作所证实。

播音作品的内容来自于现实生活，其反映生活之广之深，是其他一些艺术难于比拟的。要理解其作品的内容，创作者必须要有多方面的深入的生活实践。

播音创作要有感受，要引向情感，真实的感受和情感也只有在生活实践中获得。

调动感情要靠想象和联想，而想象和联想又必须以深厚的生活实践为根基。

生活实践的积累，在专业修养中占有举足轻重的地位。在进行生活实践的过程中，要注意深入进去，认真体验，多方面地观察和思考，这样才能使实践的质量提高。同时，还要注意把生活实践同业务实践紧密地挂起钩来，这样才能使得生活实践与业务实践相互促进，使其真正用于播音创作。

四、姊妹艺术的借鉴

由于各门艺术之间有许多相通之处，由于播音艺术尚很年轻，所以，在播音业务的修养中，借鉴其他姊妹艺术便显得尤为必要。

播音属语言艺术，包括语言和副语言的表达运用。电影、戏剧、歌唱、朗诵等艺术在语言运用和声音训练上都有了一套成熟的经验，在语言表达上也都有了一套完整的理论，这些经验和理论的学习，都有助于播音发声和语言技巧的训练。当然这种学习和借鉴要注意为我所用，不能照搬照抄。

除了借鉴电影、戏剧、歌唱、朗诵等与播音相近的艺术外，还可以博采众家，借鉴音乐、美术、舞蹈、雕塑等艺术，这其中的许多表现方式在深层次上也都有与播音表达技巧相通之处。

第四编　发展论

第十一章　播音事业发展概说

　　这里所讲的播音发展，是指人民广播播音事业的发展历程。从 1940 年 12 月 30 日中国共产党领导的第一座广播电台——延安新华广播电台开始播音算起，人民广播播音事业已经走过了 50 多年的光辉历程。50 多年来，人民广播的播音员由最初延安新华广播电台的几个人，发展到现在全国的几万人；播音理论建设由陕北台的"十天工作总结"，发展到现在的《中国播音学》；播音业务的研究、播音队伍的培养，由最初学习苏联经验，发展到现在在高等学府有专门的系科、专业，有一支包括教授、专家在内的师资队伍，能培养本科生、研究生等不同层次的播音专门人才。人民广播播音事业的发展史，内容十分丰富。这里仅用两节，对延安陕北时期和新中国成立后的播音历史作一简单介绍。

第一节　延安陕北时期的播音

　　1940 年 12 月 30 日，从陕北高原的革命圣地延安，发出了一个明朗响亮、振奋人心的声音："延安新华广播电台，XNCR，现在开始播音，……"这是我人民广播第一位播音员徐瑞璋（麦风）发出的第一声呼号，她同当时弥漫在中国天空的反动、虚伪、庸俗、没落的声音形成了鲜明的对照；这声音，代表着中国几万万劳苦大众的心声；这声音，体现着中国共产党坚定豪迈、堂堂正正的真理之声；这声音，宣告了中国人民广播的诞生，标志着人民广播播音的开始。

第十一章 播音事业发展概说

卢沟桥事变爆发后，日本帝国主义向我内地大举进攻。在中华民族生死存亡的关头，为宣传党的抗日民族统一战线政策，团结各族人民共同抗日，中共中央多次提出要在延安建立广播电台。1940年春天，党中央决定成立广播委员会，由周恩来同志担任主任，负责领导筹建工作。筹建电台的同志们用周恩来同志从苏联治病回国时带来的一部广播发射机，进行了改装试调，使它适用于语言广播。经过半年多的艰苦奋斗，反复试验，我国第一座人民广播电台，延安新华广播电台在1940年12月30日开始播音了。它的呼号是XNCR。（按当时国际有关规定，中国无线电台呼号的第一个字为英文字母X。NCR为New China Radio，意思是新中华广播电台。）

当时延安新华广播电台的广播稿，由新华社广播科提供。地点在延安的清凉山。广播发射机房和播音室设在离延安城20公里以外的偏僻山村王皮湾。担任播音工作的是徐瑞璋、姚雯、萧岩、孙茜4位女同志。徐瑞璋同志播音名字叫麦风，她是人民广播历史上的第一位播音员。徐瑞璋、姚雯两位同志调走后，一直是萧岩同志播音，共有两年，直到1945年春天，新华广播电台中断播音，她才离开电台。

当时工作条件极差。播音室是十几平方米的一间窑洞，洞内四周钉着延安生产的粗毛毯。作为隔音用。播音桌上只有一只话筒和一本字典。除此以外，播音室里还有一台破旧的手摇唱机和二十几张唱片，这就是播音员的全部设备了。清凉山和王皮湾之间隔着延河，水涨时，通讯员就用油布包好稿件，顶在头上，泗水过河，按时把稿件送到电台来，保证播音。这段时间播出过的重要文件和广播稿有：毛泽东同志为皖南事变发表的命令和谈话、《陕甘宁边区施政纲领》、《在毛泽东旗帜下前进》和《伟大的国际劳动节》等。此外还播送八路军、新四军抗日战果的消息以及少量的文艺节目。

延安的广播使国民党反动派恐慌不安。1941年上半年，曾密令其广播机构侦测，收听并逐日上报广播内容。同时还指令河南国民党广播电台就近干扰，甚至策划利用特务破坏延安台。从敌人对延安广播的干扰破坏，也可以清楚地看到延安广播的威力，看到播音员起着重要的作用。

那时不仅工作条件差，生活也非常艰苦。但播音员对工作都是极其认真的。当时主管延安台的王诤对萧岩同志说："播音工作可不是什么简单的技术工作，这是一项十分重要的政治工作呀。你想想看，现在日本侵略者和国民党投降派对我们实行新闻封锁，党中央的抗日救国主张，新华社的许多重要消息，都传不出去。所以，我们才开辟这条广播战线，和敌伪、国民党投降派展开空间战，这还不是头号的政治工作吗？"[①] 因此，最早的播音员虽然都没有经过正规的专业训练，但是，她们都怀着饱满的政治热情和高度的责任感，以勇敢的开拓者的姿态，独立开创人民广播的一代新风。她们每天认真读报，互相切磋，探讨和掌握播音要领。接到稿件，她们全身心地投入，认真准备，先通读一遍，然后再分段默读或朗读，仔细体会稿件的中心思想，以便把党的政策精神准确无误地传达给听众。当时没有任何录音设备，全部节目都是直播。如果出错就无法挽回。他们面对这样的艰苦的环境和极差的工作条件，靠高度的责任感和严细的工作作风，出色地完成了党交给他们的任务。

由于战时环境、设备简陋，人员缺少，播音员不仅要播新闻等政治性节目，还要学习唱歌、演戏，根据宣传需要，配合演播文艺节目。如，由播音员演唱的革命歌曲有《延安颂》、《游击队歌》、《大刀进行曲》、《五月的鲜花》、《兄妹开荒》、《打回老家

---

① 杨兆麟、赵玉明：《人民大众的号角》第22页，中国广播电视出版社1986年1月出版。

去》等。有时还吹奏口琴,还参加了郭沫若创作的话剧《屈原》、《棠棣之花》等的演播。

播音员在播音之余,还积极地投入劳动生产:种地、种菜、捡柴、拾粪、捻毛线、烧木炭等等,克服生活上的困难,同时也积极投入军事训练,练习打靶、投弹,站岗放哨,体验并适应紧张的战斗生活。

1943年的春天,广播发射机发生了重大故障,被迫中断播音。

延安新华广播电台从1943年春天,到1945年8月停播两年多。抗日战争胜利后经过紧张的工作,在8月30日,延安台恢复了播音,当时调来的播音员有李慕琳、孟启予、于毅、钱家楣和杨慧琳、王恂、吴作贤等同志。播音室设在离清凉山编辑部20多里的盐店子山上。这年冬天播音室迁到裴庄。

1945年延安新华广播电台恢复播音后直到1949年,孟启予同志领导播音组工作。为播音组的建设,以及对新播音员的培养付出心血。她的播音独树一帜。她播的五评白皮书语言犀利,分寸恰当,"有理、有利、有节"地表达出中国共产党人的气魄而又保持了女声的特色。一位当年的听众在回忆录中写道"……特别是陕北新华广播电台的一位女同志,听她的广播使人深思,催人奋发……"孟启予同志与当时的一批老播音员为播音事业的建设和人民播音风格的形成,起了开创和奠基的作用。

在延安新华广播电台恢复播音前后,张家口台和哈尔滨等人民广播电台也相继建立。

延安台恢复播音以后,提出延安台是"人民的喉舌,民主的呼声"和"大家办广播"的口号。

在全国内战爆发前,延安新华广播电台主要报道在党的领导下全国人民同美蒋反动派进行的和平方式的斗争,揭露敌人"假和平、真备战"的阴谋。号召人民保持警惕,发展壮大自己的力量,准备粉碎蒋介石的军事进攻。这段时间的广播,对国民党占领区起到了很好的宣传作用。国民党空军驾驶员刘善本就是在这个时期收听延安广播,看清了蒋介石的真面目。后来利用飞行之便,在1946年初夏驾机起义,飞奔到了延安。刘善本在回忆录《飞向传播毛泽东思想的地方》中写道:"到了延安之后,我很想到延安新华广播电台,看看这真理的播种机……不久,我的愿望得到了实现。我看到了声音熟悉,未见其人的广播员同志们,参观了播音室和机房。原来电台的电力就是靠一台旧汽车发动机供给的,使我深为惊讶……就是在这样极端困难的条件下,他们把毛主席的思想传播到了遥远的地方,使茫茫大海中的人们在暗夜中看见了远方的灯塔……"[1]

1946年6月,为了适应解放战争宣传工作需要,新华社把原来的口头广播组扩建为语言广播部(通称口播部),由温济泽任部主任。语言广播部设在清凉山。同年9月,延安的发射机房、播音室迁到大砭沟。不久又迁到延安北关。1947年初,发射机房和播音室又迁回盐店子。在那里一直工作到3月中旬,我军撤出延安前夕。

1946年11月,周恩来同志召集有关会议,研究和安排了新华社和延安广播电台在战争中的转移事宜,以便确保广播不致中断。1947年3月,国民党军进犯延安。在这以后的两年多的时间里,延安新华广播电台四次迁移台址,行程两千多公里,人民广播的声音,始终坚持不断。

第一次转移是在瓦窑堡的好坪沟顺利接替了盐店子的广播,时间是1947年3月。延安新华广播电台改名为陕北新华广播电台。在这里坚持播音的是钱家楣同志和杨慧琳同志。播音室设在一个破败不堪的小庙里。这是我们广播史上最简陋的一间播音室

---

[1] 北京广播学院新闻系选编《中国人民广播回忆录》第249页,广播出版社1983年5月出版。

了。据当时的播音员钱家楣同志回忆说:"这个小庙分上下两层,下层隔成内外两间,前面一间是播间室,放话筒的桌子有一条腿是断的,那条断桌腿由土坯垫着,连门也没有,只用一块羊皮做门帘……"播音员和其他广播工作者就是在这样的条件下,坚持工作,保证人民广播不中断。

1947年3月21日起,国民党空军飞机开始狂轰滥炸。延安台的播音员同编辑和机务人员一道,始终坚守工作岗位,直到最后撤离延安。钱家楣同志回忆说:"3月15日那天,几十架敌机轮番轰炸,历时8个小时,投弹几十枚。14日从上午9点开始到下午4点,轰炸了7个小时,并且还进行低空扫射。有一次轰炸,震得我们窑洞顶上的土都簌簌掉下来,但始终没有打断我们正常的播音工作。"3月19日延安台迁到瓦窑堡播音。3月20日,延安台向全中国宣布,在给予国民党军重大杀伤以后,人民解放军主动撤离延安,中共中央机关仍留在陕北,指挥全国的爱国自卫战争。21日延安台改名为陕北新华广播电台。

当时,毛主席、周总理、朱德、陈毅等老一辈革命家,十分重视广播和播音工作。1947年春节,杨家岭中央大礼堂举行晚会,毛主席见到了延安台女播音钱家楣同志,亲切地对她说:"你们广播得很好。广播工作很重要,要努力把工作做好。"[①]1947年3月25日,周恩来、朱德同志分别来好坪沟看望广播战士。周恩来副主席勉励大家坚持工作,保证播音不要中断。朱总司令还到播音室听钱家楣同志播音,亲切地鼓励了她的工作。在中央领导同志的亲切关怀和鼓励下,尽管敌人距我只有30多里地,但我们的播音员仍沉着自若,在这里播出了陕北战场和全国各战场胜利的捷报;播出了党中央和人民解放军总部发言人的重

---

① 杨兆麟、赵玉明:《人民大众的号角》第45页,中国广播电视出版社1986年1月出版。

要谈话和评论。3月28日接到转移命令的那天晚上，他们还用更加坚定有力的声音广播了青化砭大捷的消息。这是我军主动撤出延安，诱敌深入，打的第一个大胜仗。他们播完这个胜利消息，才连夜坚壁清野，撤出瓦窑堡。

3月29日，设在晋冀鲁豫解放区的第二战备台开始用陕北电台呼号播音，30日正式接替了陕北电台的广播。

1947年3月初，晋冀鲁豫解放区接到中央指示，立即着手筹建新的广播电台，以便在必要时接替陕北台的播音。经过紧张的准备工作，陕北台新址与邯郸新华广播电台一起设在太行山麓的沙河村。3月底，这里接替了陕北新华广播电台的播音，保证了我党真理的声音没有中断。邯郸台同志们克服了许多困难，提出、想了许多措施。在播音方面他们选择了于韵琴、兰林、胡迦陵3人。于韵琴是南方人，口音、语气像陕北台的南方口音的播音员，兰林则像陕北台北方口音的播音员。她们认真收听陕北台播音，反复模仿、试播；播出来，几乎和陕北台的播音一样，使听众难以分辨。由于准备工作充分，她们顺利地接替了陕北台的播音。4月底，陕北台的同志东渡黄河来到太行，到达涉县的沙河村。这时的播音员除孟启予、钱家楣同志外，又增加了齐越、夏沙同志，还有于韵琴、兰林、胡迦陵、柏立等同志，9月份开办英语广播节目。播音员是李敦白、魏琳同志。梅益同志分工主管语言广播部。

陕北台的广播得到了党中央的重视和表扬。毛泽东、周恩来、任弼时、陆定一同志在转战陕北之际，用随军携带的干电池收音机。经常收听陕北台的广播。4月，在安塞县的王家湾，有一天，毛泽东、周恩来、任弼时和陆定一等同志坐在院子里，边听广播边谈论着。陕北新华广播电台女播音员的声音，是大家十分熟悉的。她不但吐字清晰，而且感情充沛。这天广播的是羊马河战斗的消息。周恩来同志高兴地说："这个播音员讲得很好，应通令嘉奖。"5月的一天，还是在王家湾，天气炎热，毛泽东、周恩来、陆定一等同志都到小棚子里歇凉。陆定一同志打开了放在瓮上的干电池收音机。陕北新华广播电台正在广播蟠龙大捷和真武洞祝捷大会的消息和评论。女播音员钱家楣同志播到国民党反动派背信弃义，发动内战时严词痛斥、慷慨激昂；讲到真武洞欢庆胜利的时候热情奔放、鼓舞人心。毛泽东同志称赞说："这个女同志好厉害，骂起敌人来义正词严！讲到我们的胜利也很能鼓舞人心。真是憎爱分明。这样的播音员要多培养几个！"

第二天，在太行工作的陕北台同志收到了新华总社工作队受党中央的委托拍来的嘉奖电报，勉励播音员再接再励，努力做好工作。党中央的亲切关怀和表扬，给陕北台的同志们带来了巨大的鼓舞。大家决心更加努力工作，不辜负党和人民的期望。

在太行时期，陕北台的广播宣传和播音也得到刘伯承、邓小平和陈毅等同志的关怀和重视。1947年7月的一天，刘伯承、邓小平同志视察了电台。邓小平同志在听取了汇报以后说："你们的工作很重要。现在全国大反攻开始了。我们的部队已经过了黄河。我们很快也要过河去。部队过河以后。看不到报纸，要得到消息，就靠你们的广播了。希望你们广播的新闻和记录新闻，要注意适应部队的需要。我们在行军和作战中每天都要派人抄收。"11月下旬，陈毅同志前往陕北参加中央会议途中，经过太行，他来到电台，接见了电台工作的同志们。陈毅同志亲切地对播音员说："你们的播音有力量，听得很清楚。这个工作很重要。希望你们努力学习政治，钻研业务。"陈毅同志代表华东野战军的指战员向陕北台的同志们致谢。并且坚定有力地说："我可以签字保证，明年将有更大的胜利，将为我们的子孙后代奠定民族解放的大业。你们就等着播捷报吧！"[1]

---

[1] 杨兆麟、赵玉明：《人民大众的号角》第69页，中国广播电视出版社1986年1月出版。

1948年3月下旬，党中央和毛泽东同志离开陕北东渡黄河，于5月下旬来到河北平山县西柏坡村，陕北台也随新华总社一起由太行迁到平山。发射机房和播音室先设在滹沱河畔的张胡庄，后迁到窟窿峰。在这里，播音队伍大大加强，晋察冀台、邯郸台的播音员先后并入陕北台播音组。由孟启予任组长，丁一岚任副组长。播音员有：齐越、钱家楣、李惠一、柏立、秋原、杨洁、柏培思、智世民等同志。

在张胡庄，播音室设在东北向一座狭小的院落里。为了隔音，播音室没有窗户，白天也要点灯。就在这间不惹人注意的小屋里，播音员兢兢业业地工作着。他们和编辑同志紧密配合，播出一篇又一篇重要稿件。

不久，陕北台接到了播出毛泽东同志起草的党内指示《一九四八年的土地改革工作和整党工作》的任务。5月29日，播音组接到了编辑部写来的一封短信，信中说："今天播送的中央指示，十分重要。主席亲笔指示，叫不要播错一个字。请你们万分注意。"中央的指示需要在晚上8点播出，但是，当稿件从20公里以外的编辑部送到张胡庄播音室的时候，已经快7点钟了。要在1小时内做好一切准备工作，把一篇3300字的中央文件一字不错地播送出去，确实十分紧张。当时没有录音机，稿件都是直接播出的。担负播出任务的是陕北台的男播音员齐越同志。他抓紧时间阅读文件，充分理解文件的精神实质，同时，还就具体播法和其他播音员交换意见。直到临播出前的几分钟，同志们还在提醒他："不要怕，你已经准备好了，你不会播错的！"毛主席的指示，战友们的鼓励，使齐越充满了信心，他一字未错地把党中央的重要指示顺利地播送出去，受到编辑部负责同志的表扬。

在平山时期，人民解放战争已经发展到了夺取全国胜利的决定性阶段。从解放战争的各个战场上，捷报不断传来。通信员每天骑马传送稿件，有时还不能把当天的战报送出去。为了争取广播宣传的时效,陕北台还利用电话传送稿件,编辑部的同志一字一句地念稿,播音员一字一句地抄录,经校对无误以后。立即播送出去。1948年9月24日晚,陕北台打破惯例,播出了"号外"消息——济南全部解放的重要捷报。当天的节目快要结束的时候,编辑部从电话中传来了捷报,播音员迅速、准确地抄录下来。最后一个字刚刚落笔,一位女播音员抓起稿件,直奔播音室,顷刻间,她那激动、有力的声音传向了四面八方:"各位听众!现在播送刚刚收到的济南前线捷报:进攻山东省会济南的人民解放军,已经完全占领了商埠和外城全部,现正在内城进行最后阶段的巷战。到23号早晨为止,守敌被歼灭和起义的总共已有6万多人,……"这个消息刚刚播完,电话铃又响了,传来了急切的声音:"不要结束,还要播解放济南的消息!"这时候,播音员已经向听众道了"晚安"。电话里又传出:"总编辑决定:不要关机,加播'号外',快传!""女声、男声轮播,多播几遍!"孟启予和齐越两位播音员,拿起传来的稿件跑进播音室,满怀胜利的喜悦,向听众报告:"陕北新华广播电台,XNCR,各位听众:人民解放军今天下午5点钟全部解放济南,守敌全部歼灭,无一漏网,战果正在清查中!"这个"号外",轮番播出了7遍。胜利的喜讯传向了解放区,传向了解放军各部队,传向了国民党统治区。

在平山,陕北台的播音员播出了一个个人民解放战争胜利的捷报;他们还对敌喊话,播出了《人民解放军总部向黄维兵团讲话》等一篇篇毛主席亲笔修改和亲自撰写的广播讲话稿,为配合人民解放战争的胜利做出了贡献。

随着解放战争的节节胜利,人民广播也不断发展。据1947年9月统计,各解放区已经有广播电台10座。播音员的队伍也随之扩大了。

晋察冀张家口新华广播电台,是在1945年8月25日张家口市解放后建立的。8月30日开始播音，呼号 XGMC，当时的播音员是丁一岚同志。

东北新华广播电台在1946年9月23日正式播音。广播节目除新闻外，还有政治及青年讲座，人民呼声，解放区介绍，名人讲话，各种常识，音乐及广播剧等。节目形式已较为丰富多彩。

1949年1月31日，北平和平解放。齐越、刘涵、吴影、姚琪、康普、刘淮、韩浩等播音员由徐迈进带队接管了西长安街的国民党电台。当晚8点，电台还正在播音，齐越同志奉命走进播音室，把徐迈进同志写的通告交给国民党北平广播电台的值班播音员，看着他播出去。通告是这样写的："各位听众！从今天起，北平宣告解放，本台奉中国人民解放军北平军事管制委员会命令，立即停止广播，等待接管。从后天，2月2号上午起，北平新华广播电台将使用本台原来波段播音，请注意收听。"[1]

"北平新华广播电台！波长353公尺，850千周；393公尺，770千周。各位听众，你们好！"

1949年2月2日上午11时40分，北平新华广播电台以聂耳作曲的《大路歌》为前奏曲开始播音了！

从此，人民的声音永远占领了北平上空。

由于国民党政府拒绝在《国内和平协定》上签字，决心顽抗到底，4月21日，我北平新华广播电台播音员以气壮山河之势，反复播送毛泽东主席、朱德总司令发布的《向全国进军的命令》，要求中国人民解放军全体指战员"奋勇前进，坚决、彻底、干净、全部地歼灭中国境内一切敢于抵抗的国民党反动派，解放全国人民，保卫中国领土主权的独立和完整。"[2] 同一天，人民解

---

[1] 齐越、沙林：《情系七彩人生》第25页，经济管理出版社1993年10月出版。

[2] 齐越、沙林：《情系七彩人生》第87页，经济管理出版社1993年10月出版。

放军百万雄师，分作西、中、东三路，在长达五百余公里的战线上，强渡长江，直指国民党反动派统治中心——南京。千千万万人从收音机里听到了齐越等播音员播出的毛泽东同志执笔撰写的两篇脍炙人口的消息：《我三十万大军胜利南渡长江》、《人民解放军百万大军横渡长江》。

4月23日，正当人民解放军兵临南京城下，南京即将解放之际，北平新华广播电台根据上级领导的决定，在广播中向南京"中央广播电台"呼叫，通知该台第二天上午9点通话。

24日9点起，一次不寻常的广播通话开始了。

北平新华台首先播放了一段音乐，接着，播音员齐越开始呼叫："北平新华广播电台！请南京广播电台注意，我向你呼叫，请你回话。"这样反复多次以后，南京电台也开始放音乐了，过了一会儿，传来了播音员的声音："我是南京广播电台，我来回话。"随后，双方继续对话。

北平方面说："我奉本台领导的指示跟你通话。现在你报道一下南京的情况。"

南京方面说："红军已经在凌晨进入南京城。"

"不对！不叫红军，叫中国人民解放军！"

"是，是，是中国人民解放军。"

"我要求你负责保护好电台和机器，……"

"是，是是，……"

"你要等待军事管理委员会接管，不许破坏，不许听信谣言。"

"是。"

我方播音员齐越洪亮、有力的声音，传到了千里之外的南京，产生了强大的威慑作用。通过这次通话，北平新华台及时得知了我军进入南京的胜利消息。这一天，北平新华台又一次播出了毛泽东同志撰写的重要消息："在人民解放军百万大军攻击下，千余里国民党长江防线全部崩溃,南京国民党反动卖国政府已于昨日宣告灭亡。"同一天,南京的广播电台奉命开始转播北平新华台的全部节目。

此后,北平新华广播电台不断播出江南大地喜获解放的捷报。杭州、武汉、南昌、上海、福州等大中城市的人民广播电台相继建立,通过它们的转播,北平新华台的声音越传越远。

12月,北平新华广播电台改用中央人民广播电台呼号。

回顾战争年代,即延安陕北时期的播音历程,总结其播音创作的特点和播音工作的经验,归结到一点,那就是延安精神的具体、形象、生动的体现。延安精神概括起来就是"坚定正确的政治方向,艰苦奋斗的工作作风"。具体表现在播音员身上的是,他们都能把自己的工作与当时的革命目标结合起来,把自己的工作看成是革命事业的一部分。因此,他们在硝烟弥漫、炮声隆隆中播音能镇定自若。在生活困难、设备简陋的条件下工作,严肃认真,一丝不苟;在业务上,勤学苦练,精益求精;在播音风格上,昂扬向上,气势磅礴,憎爱分明,坚定有力;在集体生活中团结互助,并肩战斗。下面分为几个方面阐述。

一、延安陕北台的播音特点和风格

延安陕北新华广播电台的播音,开创了中国无产阶级的、民族化的一代新风,是革命战争年代中国无产阶级和人民大众战斗风格的生动体现。其播音中"包容着时代的风云、人民斗争的烈火、民族解放的巨澜"[①],所以,体现出了磅礴的气势,"摧枯拉朽、势不可挡"[②] 的气概;贯穿着憎爱分明、坚定豪迈的情感;同时又显示出沉着从容、真理在握、稳健大度、朴素平易的气

---

① 引自《播音界》1989年春季号,第3页。
② 引自《播音界》1989年春季号,第1页。

第十一章 播音事业发展概说

派。

二、延安陕北台的播音员有强烈的革命事业心和高度的政治责任感

延安陕北台的播音员把播音工作看作是整个人民解放事业的一个组成部分,这是他们播音获得成功的基石。在延安窑洞,在瓦窑堡的破庙,在太行山村,……无论条件怎样艰苦,工作怎样紧张,播音员们始终把延安、陕北的声音传向四面八方。究其原因,正如齐越所说:"世界上有各种各样的播音员,我是中国人民的播音员、中国共产党的播音员,我以此引为自豪。"[①] 我传的是中国人民战胜艰难险阻、走向胜利的声音;我传的是人民和党政治上和谐一致的声音;我传的是中国共产党堂堂正正的真理之声。……我感到无比幸福和自豪!"[②] "我的命运和中国人民、中国共产党、中华人民共和国的命运紧密地联系在一起,这就是我引以自豪的原因。"[③] 延安台较早的播音员萧岩同志是带着"播音工作是最重要的政治工作"的认识走上播音岗位的;孟启予同志通过原国民党空军上尉刘善本架机起义一事,更深刻地体会到广播在革命事业中的作用和播音工作的重要;钱家楣、杨慧琳同志,在蒋胡军进攻延安和陕北时,坚守播音岗位,不顾炮弹在窑洞四周爆炸,一心想的是不能中断党的声音。他们把播音同伟大的人民革命和解放事业紧密联系在一起,把自己的生命同党的播音事业融为一体。正是这样一个群体,开创了延安陕北人民广播播音的一代新风。

---

① 齐越:《献给祖国的声音》第 182 页,中国广播电视出版社 1991 年 1 月出版。
② 同①。
③ 同①,第 183 页。

三、延安陕北台的播音员十分注重马克思主义理论和党的方针政策的学习，注重政治素质的培养和政策水平的提高，并以此指导他们的播音创作

在《陕北台播音组关于训练和培养播音员的意见》和《北平新华广播电台训练播音员的方法》中，都把"要有一定的政治水平"，"定期传达宣传方针、宣传策略"①和"有一定的政治水平"②列为播音员的必备条件和选择播音员的重要标准。在延安和陕北台的播出稿件中，许多是中央文件和毛泽东同志亲笔写的文章、讲话、宣言、声明等等。即使是一般的新闻、通讯、评论等稿件，也都具有很强的政策性。播音员们深知，要播好这些稿件，要把党中央的精神准确、透彻地传达给听众，自己必须首先学好学透，必须不断地提高政治素养，加强马克思主义理论修养，提高政策水平。所以，在当时战争环境中，无论工作怎样紧张，条件怎样艰苦，"他们总是自觉地挤出时间来学习"。③他们收到稿件，"只要时间允许，都首先争分夺秒地认真学习，从中领会政策精神。"④编辑部也经常向播音组进行时事和政策传达。例如，在全面内战爆发不久，编辑部负责人温济泽同志就给播音员传达了毛泽东同志对战争形势的科学论断。1948年除夕，当时的新华社社长廖承志同志曾亲自带着毛泽东同志写的《将革命进行到底》的新年献辞来到播音组，给大家讲解这篇文章的重要意义。每当编辑部总结工作时，播音组同志都参加，工作总结的重点是政策宣传。哪些宣传得很好，哪些宣传得不够，都一一指

---

① 中央人民广播电台研究室、北京广播学院新闻系编《解放区广播历史资料选编》（1940—1949）第186页，中国广播电视出版社1985年8月出版。
② 同①，第188页。
③ 引自《播音界》1989年春季号，第7页。
④ 同③，第19页。

出。这些都帮助了播音员更好地理解政策，提高理论水平。

四、积极投身革命斗争的实际，深入生活，深入实践，艰苦奋斗，保持同人民群众的紧密联系

当年延安陕北台的播音员积极参加各种各样的实际斗争。在大生产运动中，在1945年生产救灾的热潮中，播音员在完成本职工作的同时，积极投身劳动生产。在1947年延安保卫战中，留在延安坚持工作的播音员和其他同志一起编成自卫军，开展打靶、投弹等军事训练，还站岗放哨。他们既是一支宣传队，又是一支工作队、生产队、战斗队。

在向劳动人民学习及和劳动人民共同生活中，陕北台的播音员同劳动人民建立了深厚的感情。延安台播音员钱家楣等同志在撤离陕北的行军途中，走到哪里老乡都如见亲人，倾吐衷肠，有个老大娘把自己仅有的一点小米全为他们熬了粥。在太行，老乡们自觉自愿、百般警惕地掩护着隐蔽在村子里的广播发射台，使得敌人派飞机侦察也好，乱扔炸弹也好，都无法找到和破坏我们的电台。人民群众尽其所有、豁出身家性命贡献一切的行为品格，深深地印在陕北台的播音员心间。所以，他们在播音中，想人民所想、急人民所急、恨人民所恨、爱人民所爱。齐越回忆他播音创作生涯时总结说："当我的心和人民的心息息相通，和时代的脉搏一起跳动时，我的播音才有生命力。"[①]"与人民同呼吸，共爱憎，这就是我播音中激情的主要来源。"[②]

---

① 齐越：《献给祖国的声音》第86-87页，中国广播电视出版社1991年1月出版。

② 齐越：《献给祖国的声音》，第182页，中国广播电视出版社1991年1月出版。

五、严肃认真的创作态度,一丝不苟的工作作风,精益求精的钻研精神

延安陕北台的老播音员谈到他们的共同体会:当年他们拿到稿件,犹如战士即将奔赴战斗岗位,从来没有想过脱离稿件内容去纯粹表现技巧、表现个人。他们首先想到的,也是一心一意追求的,就是如何准确无误地传达好稿件的思想内容和精神实质。他们备稿时一字一句不放过,绝不掉以轻心,每逢遇到不认识、难理解或读不准的字,总是一个个细心查字典,在稿件上注明。发音不准,平时就一遍遍反复练习,请别人纠正。播出时,负责监听的播音员发现哪个字或哪个地方播错了,哪些不符合稿件内容的要求,哪些恰切地表达了稿件内容,等等,都记录下来,定期检查总结。孟启予同志到今天仍保存着1948年9月的一份《十天工作总结汇报》,其中就详细记录着播错、播漏的每个字,断得不当的每个词句,以及播得好的稿件和今后怎样注意改进,十分详细、具体。齐越同志在他的《十天播音工作个人总结》中写道:"一般来说,播音已较前有进步,固定的调子基本上已克服。……播音的缺点与错误:(一)个别语句不自然。(二)有一些语句分段过多。(三)某些字的四声不准(地方音)。(四)播通讯放不开,呆板、生硬。(五)大错误有三:1、中央指示中'农民'播'人民'。(这个错误应由我负责,看稿子疏忽——济泽)。2、《人民公敌蒋介石》的预告中'中华民族'播'中国人民'。(这还不能算大错误——济泽)。3、呼号'XNCR'播'XNMR'。(这个错得不好——济泽)"[①] 齐越同志在总结中更多地是认真寻找自己的不足。他在谈到犯上述错误的原因和今后改

---

① XNMR是东北新华广播电台呼号。

正办法时是这样说的:"1、中央指示中'农民'播'人民'是稿子上抄错的,未播前曾想到和记录原稿校对一下,但又想:编辑部都校过了,不会有错。结果就出了错。这说明自己全面认真负责的精神是非常不够的。如果自己这样想:编辑部人少工作忙,可能出错,出了错就是我党和人民的损失,那么自己就不会不分些时间校对一下。今后应尽量掌握胡必成同志[①]在报告中所指示的精神:'不但对自己所担任的工作负责,同时对同自己工作有关的其他工作也要负责。'今后在准备稿子时,应多加强对稿件的研究与学习,多方面校对(如果有条件的话),有问题立即向编辑部提出解决,以便减少播出的错误。2、预告中'中华民族'播'中国人民',呼号'XNCR'播'XNMR'这两个错误发生在同一天内。那天未播音前,自己打算要放开一点,要播得自然些(因为前一天开技术研究会,同志们批评我播音有些不自然)。结果,自己在纠正缺点上掌握不得法,矫枉过正,一反往日谨慎小心,流于粗心大意,以致顺口溜,将'中华民族'播成'中国人民'自己都没有发觉。这足以说明,当时自己没有经过脑子就播出去了,这种粗心大意不负责是十分要不得的!除自己继续深入检讨外,愿接受组织的处分。(这类错误不必处分,你能在今后保证不再错就好了——济泽)这次的教训,使我更深深地认识到,我们的广播电台是和一般电台根本不同的,我们的电台是我们党的喉舌,是服务于人民革命事业,代表党中央发言的。一个播音员应时时刻刻小心谨慎,认真负责,不容许有丝毫错误发生,即便是一字之错,也是全党和人民的损失,影响我党的威信,对不起人民的。今后,首先应当时时刻刻坚持认真负责的精神,并将此精神贯穿到播音的每一字每一句,每一呼号中。……我们的播音,首先要稳重沉着,不出错误,坚持认真负责的

[①] 胡必成是周恩来在解放战争期间的代号。

态度，并在容易顺口溜播错的一些名词上，在准备稿子时作提醒注意的记号。每个节目前的呼号一定要写在稿子前面，看着呼叫。"① 陕北台还制订了关于培养训练播音员的意见。《北平新华广播电台训练播音方法》详细指出了选择播音员的标准，播音应注意的事项，如怎样准备稿件，如何掌握抑、扬、顿、挫、快、慢、轻、重，如何表达语气情感，规定了播音手续，播音员应遵守的制度等。在第5条中这样写道："……每一稿件在话筒上试播，经负责人认为满意后再换另一稿件，到这一节目的各种稿件都能播得合乎标准时，即可开始工作。在该节目完全胜任熟练时，除担任该节目之外，同时练习另一节目，至另一节目练习成功后，即可换播该节目，直至全部节目均能胜任为止。"② 由此可见当时严格认真的管理和严谨的工作态度。

六、团结协作的精神

延安陕北台的播音员和编辑技术人员，工作上互相支持；业务上互相帮助；生活上互相关心，形成了一个团结奋进、并肩战斗的集体，为播音任务的顺利完成奠定了基础。这种团结，首先体现在播音员之间的团结互助上。从《解放军广播历史资料选编》中记载的"训练播音员必须注意"的几条中，我们便窥见一斑："一、新老播音员必须互相帮助，虚心研究。……四、召开技术座谈会，发挥集体智慧，提高播音技术。……"③ 齐越在他的《编播之间》一文中写道："一次广播节目的产生到播出，是

---

① 齐越：《献给祖国的声音》第27、28页，中国广播电视出版社1991年1月出版。
② 中央人民广播电台研究室、北京广播学院新闻系编《解放区广播历史资料选编》第189页，中国广播电视出版社1985年8月出版。
③ 中央人民广播电台研究室、北京广播学院新闻系编《解放区广播历史资料选编》第189页，中国广播电视出版社1985年8月出版。

编辑、记者、播音员、录音员、机务员等共同劳动的成果。其中，编播之间的关系尤其密切。……编播之间互知甘苦，彼此尊重，相互帮助，密切合作，是人民广播事业的好传统。"① 齐越回忆说，有两件小事至今难忘。1948年电台在平山，编播相距几十里。那时播音用的表不太准确。温济泽同志得知后，立即向廖承志和梅益同志汇报，要求设法解决。几天后，温济泽同志就把一只准确的表送到播音组。还有一件事，就是那时编辑用的稿纸正面反光，反面粗糙。用有光一面写稿，在灯下反光晃眼，有碍播音。播音员提意见的第二天，温济泽同志就复信播音组说：接受你们的意见，不要用稿纸有光一面写稿事，已告诉部里各同志。从此，编辑同志都把稿纸翻过来使用。至于编辑对播音的意见，除随时打电话告知外，每天还随稿件送来前一天的收听意见。意见中不仅登记播出差错，还有对字音不准、断句不当的纠正，对文章播法、发声方法等的评述和探讨。下面就从仅存的一点资料中摘录几条编辑收听意见：

"孟启予播评述山东蒋军罪行，播得很好。列举罪行时非常沉痛愤慨，评论时理直气壮。钱家楣播的通讯好，对话语气够味，播活捉敌军官刘英时，刘英说：'有匪无我，有我无匪'讥讽味很足。播刘英被捉时说：'我就是刘英'应颤抖着说出，表示恐惧。(1947年11月24日)"②

"供'应'，不能念成供'英'，要读第四声。'冀东各县人民地方武装'，冀东各县应连在一起念。(1948年2月4日)"③

"播记录新闻的新同志口齿尚清楚，唯听来精神过分紧张

---

① 齐越：《献给祖国的声音》第97页，中国广播电视出版社1991年1月出版。
② 齐越：《献给祖国的声音》第98页，中国广播电视出版社1991年1月出版。
③ 齐越：《献给祖国的声音》第98页，中国广播电视出版社1991年1月出版。

(喉部像有颤音),希望自然些,别怕!(1948年3月8日)"①

"丁、齐、孟、柏诸同志声音很强,虽有干扰,也可以听清楚。有个别同志声音很弱,一有干扰,声音便被压住。这可能是发音方法问题。一种是把声音吐出口腔以外,故声音强;一种是把声音限制在口腔里,吐不出来,故声音弱。是否如此请研究。(日期不详)"②

第二节 新中国成立后的播音

从1949年10月1日新中国成立,到改革开放的今天,人民广播的播音发展可分为3个阶段,即和平建设时期的播音;10年动乱期间的播音;改革开放新时期的播音。

一、和平建设时期的播音

1949年10月1日新中国成立,当时,全国的广播电台已发展到40多座,并具备了一定数量的播音队伍。随着广播事业的蓬勃发展,人民播音也进入了一个生机勃勃的大发展时期。

1949年10月1日,丁一岚和齐越登上天安门城楼,现场广播了开国大典的盛况。这是我人民广播首次对全国进行重大政治庆典的实况广播工作,并由所有的地方电台联播。丁一岚和齐越,站在人民领袖的身边,以无比喜悦和自豪的心情,"连续广播7个小时,一点也不觉得累!"③丁一岚和齐越望着正在升起的鲜艳的五星红旗,激动地对听众说:"中华人民共和国的国旗,现在正由毛主席亲手把她升起。""参加大会的30多万人都整齐

---

① 齐越:《献给祖国的声音》,中国广播电视出版社1991年1月出版。
② 齐越:《献给祖国的声音》第99页,中国广播电视出版社1991年1月出版。
③ 齐越谈话录。

肃立致敬，注视着人民祖国的庄严而美丽的五星红旗徐徐升起。各队带队指挥员行举手礼，在队列中间的干部和战士，以及执行勤务的人员都肃然立正。""国旗已经升到旗杆的顶尖，开始在人民首都的晴空迎风招展。她象征着中国的历史已经走入一个新的时代。我们的国旗——五星红旗将永远飘扬在人民祖国的大地上。"① 从这一天起，人民播音事业也揭开了新的一页。

1949年12月5日，北京新华广播电台正式定名为中央人民广播电台。当时又从全国各地电台抽调来一批优秀播音员，并从青年学生中招收了一批新人。广大播音员继承和发扬延安时期的光荣传统，投身到抗美援朝、肃反、镇反、三反五反等运动中。"他们在广播宣传上保持和发扬了无产阶级的战斗风格。在建设新中国，在抗美援朝斗争中，对全国人民起到鼓舞、激励的作用。"②

1952年12月2日在北京中央广播事业局召开了第一次全国广播工作会议。在这次会议期间，由中央人民广播电台主持召开了播音工作座谈会，参加座谈会的有北京台、天津台、甘肃台、上海台的播音组组长，西南台的播音员，中央台和北京市台的全体播音员，以及一部分地方台的台长和编辑共73人。

这是在建国后新形势下召开的第一次播音工作会议。这个座谈会讨论了播音工作的性质、任务、作用、重要性，以及对播音员的要求和应学习的内容。会后将讨论内容写了一份情况报告。座谈会上大家的发言可归为3个方面：

（一）关于播音的重要性。第一次提出播音是广播节目最后直接和听众接触的环节。（当时广播节目全部是直播）"播音工作

---

① 杨兆麟等著《当礼炮鸣响的时候》第14-15页，《中华英烈》编辑部编，宝文堂书店出版。
② 杨兆麟等著《中央人民广播电台台史资料汇编》第627页。（内部资料）

的好坏常常严重影响我们广播工作的全部效果,影响到我们广播工作在广大群众中的威信。"并明确指出:"任何轻视播音工作的观点或不重视对播音工作的领导都是错误的。"

(二)关于对播音员的要求。提出"播音员不是传声筒","播音员应是有丰富的政治情感和艺术修养的宣传鼓动家"。"要求每一个播音员都应是人民的喉舌,要使自己的声音真正表现出伟大的中华民族的气魄,他要使自己广播的一言一句都深深地打动人心。"

(三)关于播音员的学习提出要从3个方面着手:1.政治理论和时事政策的学习,并要求理论联系实际,提高个人的思想政治水平。2.联系群众,联系实际。播职工节目的要下工厂,播学生节目的要去学校,与有关听众多联系,使播音员了解群众的生产、学习、生活和思想感情以便使播音员掌握稿件的精神,不是关在播音室里念稿子。(当时很多电台的节目是相对固定播音员播出)3.业务学习包括练声,录音研究,观摩话剧、电影、排练广播剧或开朗诵会等多种方式。

(四)要求建立严格的工作制度,例如与编辑的联系制度;试播制度;监听制度等播音员考绩制度。

这次座谈会是播音工作建设的良好开端。从播音工作的重要性,对播音员的要求,播音员学习的内容、方法,以及工作制度等都有了明确的规定。这次播音工作会议对各台的播音工作,特别对播音员的学习起了促进和指导作用。各地电台多数都有业务学习时间,定期或不定期召开全组业务学习会,一起听录音,共同研究业务,切磋技艺,互相学习和帮助,提高播出质量。与此同时都制定了严格的工作制度,组长随时检查执行情况。其中的监听制度、检查稿件和与编辑试播制度等,对播音员准备稿件、安全播音和密切与编辑记者合作等方面起到了促进和保证作用。

建国初期,播音员播出大量的生产建设消息,鼓舞了人民群众在党的领导下自力更生,奋发图强,建设新中国的热情。

解放初期中央台记录新闻节目的播音在广播中做出了贡献。记录新闻播音员通过电波及时地把党和政府的政策、法令、消息用记录速度提供各地抄收员,为交通不便和边远地区的群众,解决了看不到当天报纸的困难,发挥了广播这个现代化传播工具的作用。同时,记录新闻的播音,也成为播音员吐字发音训练和语言表达基本功训练的基本方法之一。

1949年到1956年,是广播事业迅速发展的时期。这一时期节目内容较建国前要广泛得多;形式也更为丰富。播音员在播新闻、评论、通讯的同时,也开始参加录音报道、时事对话、广播大会、剧场实况转播的播音。

这一时期较为重大的宣传报道就是抗美援朝战争的报道。从朝鲜战争开始,许多播音员都报名参加志愿军,中央台播音组姚琪、张洛被批准。姚琪在前沿对敌广播,张洛与记者进行录音报道。当时,留在电台的播音员提出的口号是:把保家卫国的行动,化作话筒前爱憎分明的激情。据齐越同志回忆:"记得我们备稿室的墙板上经常贴满志愿军寄来的信和纪念品(缴获敌人的'尼龙避弹衣'做的书签,上面有热情的诗句,还有用桦树皮写的信等,我们晚上朗诵他们写的诗作,在广播里播送他们的来信,在报刊发表他们的来信,为的是让更多的人受到教育和鼓舞。"在这样的背景下,中央和全国各地广播电台的播音员满怀激情播出了大量的来自朝鲜战场的捷报、书信,以及消息和通讯,歌颂了中国人民志愿军保家卫国的英勇事迹,对全国人民进行了爱国主义和国际主义教育。魏巍同志写的《谁是最可爱的人》播出以后,反响极大,全国掀起抗美援朝的热潮。人民播音日益深入人心。尤其对那些浴血奋战在朝鲜境内的志愿军战士,广播成了他们了解祖国信息的来源,他们把广播当做祖国的声音,把播音员看成是自己的亲人。这里摘录1953年1月15日发表在《人民日报》上的一位志愿军同志给中央台播音员齐越同志的一封信的片断。

"……远离祖国的我,是多么想了解祖国的一切啊!你就是经常给我们介绍祖国情况的人。我们当然热爱你。我们这里虽然战斗是频繁的,工作是紧张的。但我们每晚都要挤出时间,翻过一个山岗跑到收音员那里,听听来自祖国的消息。应该休息了,可是我们总是兴奋地谈论着祖国的现在,想着祖国的美好的将来。这一切都鼓舞着我勇敢地战斗下去。……"

还有一封给中央台播音员的信是这样写的:"我再说一次,你们的声音,代表祖国的声音,的确给我们带来了无穷的鼓舞力量。每当同志们听完广播受到鼓舞并以自己的实际行动回答祖国的时候,我越觉得自己责任的重大和岗位的光荣,在这时候越想念你们!"①

回国的志愿军战士见到播音员,都是满含热泪,像见到久别的亲人。《谁是最可爱的人》等稿件的播音,在志愿军、在全国人民中间,留下了难忘的印象。

国民经济经过3年恢复后,大规模的建设时期开始了。祖国蒸蒸日上,捷报频传。播音员播出的《鞍山无缝钢管厂建成》、《长春第一汽车厂动工兴建》、《跑在时间前面的人——王崇伦》等一系列新闻报道,组成了新时代的颂歌。这些播音,感人至深,催人奋进。

随着播音事业的发展,这一时期播音业务和理论研究,也逐步深入、系统、正规。

1954年7月,中央台齐越同志作为中国广播代表团成员去苏联学习。回国后先在中央台传达了苏联播音工作经验,并翻译了苏联播音员撰写的一些文章。当时,中央台播音组在学习借鉴

---

① 杨兆麟等著《当礼炮响起的时候》,《中华英烈》编辑部编,宝文堂书店出版。

苏联播音经验的同时，开始总结自己的播音经验，经过全体播音员讨论，共写出5篇文章：《播音员和播音工作》，徐恒执笔；《克服报道新闻的八股腔》，夏青执笔；《播社论的体会》，李兵执笔；《把现实中的情景鲜明地再现在听众面前》，张洛执笔；《播音员和实况广播》，齐越执笔。这5篇文章是总结全国播音工作经验最早的文章。文章总结了几种主要新闻体裁的播音以及播音组工作管理和培训播音员的方法。在学习和总结中筹备召开了"全国播音业务学习会"。

"全国播音业务学习会"是1955年3月由中央广播事业局地播处主持在北京召开的。这是全国解放以后召开的第一次全国性的播音会议。这次会议受到中央广播事业局领导的重视和关怀。局长梅益同志、副局长温济泽同志，地播处处长左荧同志都到会讲了话。会上齐越同志介绍了苏联播音经验。代表们并当场试播和讨论，除此项活动外，还请了在北京的一些专家、学者、著名演员做专题报告。其中中央实验歌剧院导演牧虹讲了台词课和练声。诗人徐迟和北京人民艺术剧院演员苏民讲了诗朗诵。中国科学院语言研究所研究员吴晓铃讲了语音学。北京电影演员剧团导演吴天介绍了斯坦尼斯拉夫斯基体系和演员的修养问题。著名耳鼻喉医生徐荫祥、著名歌唱家张权、著名京剧演员郝寿臣等讲了嗓音锻炼和保护等。这次会议是一个内容十分丰富的业务学习会。大家不仅学到了许多有关业务方面的知识和方法，更重要的是，认识了播音的重要性，巩固了专业思想，端正了对工作的认识。不仅出席的代表收获很大，而且对以后全国播音工作都起到了很好的影响。

这里，着重介绍一下梅益和左荧同志的两篇讲话。

梅益同志的讲话谈了播音工作的重要性，有关播音业务的几个问题和播音员的工作态度等。

他首先针对当时中央台的播音差错问题讲了关于播音员的工

作态度。他说"首先在于以饱满的热情对待工作,那就是在最困难的条件下也能把工作做好。在陕北时候,曾经在土地庙里播音。炮弹在头上飞,电台马上就要拆走,能说不比现在更紧张吗?……最主要的是做工作的人,对工作采取什么态度。在这里指明,播音工作是党的宣传工作,是对广大人民进行宣传教育的,是十分重要的工作。播音员说的每一句话,全国或全省全市都能听到,你播音的时候吊儿郎当,敷衍塞责,那简直是犯罪。……我们向千百万人进行宣传教育,能说这个工作不重要吗?"他认为一个播音员可以把一篇稿子播得非常好,也可能播得非常坏。"播好了作用就很大,播坏了,影响也很大。""一言既出,驷马难追"。一篇稿子写出来,经过多少人的辛勤劳动,播音员可能把它随便糟蹋了。他说,"我们从来没有轻视播音工作,也许有个别人轻视这个工作,那是他的思想有问题。"

其次,他谈到播音员要具备一定的文化水平。他针对有的播音员认为自己声音好,不播错,就会成为好播音员的片面认识提出,"播音员不是一部机器,而是向千千万万的人进行宣传鼓动的宣传家。"……广播内容是无所不包,播音员就应该有广泛的知识,掌握知识越多、越广泛,播音才会有成就。

第三,他提到业务能力的问题。声音、语言标准化和播音技巧方面,都需提高和锻炼。

除此以外,这次讲话提出要更好地提高业务水平,还有一个熟悉生活的问题。他认为播音实际上是表现我们的生活,他说,"生活熟悉,播起来就自然、实在,不像雾里看花或隔靴搔痒;有实感,就会丰富我们的感情,也就能提高我们的技巧,加强我们的艺术感染力。"

在播音表达方面他提出反对公式化和模仿,强调"播音要有个性"。

最后,他提醒一点,播音工作很重要,但不能得出结论说,播音工作是广播电台唯一的、最重要的,不能片面地讲重要。梅益同志的讲话,涉及到播音创作的方向、播音员工作态度,以及创作手段、情感、技巧和修养等多方面的问题,为以后的播音队伍的建设,播音创作等重大问题指出了方向。

左荧同志讲话的题目是《播音是一种语言艺术活动》。讲话较为系统地论述了播音在广播工作中的重要性,播音艺术与其他艺术的区别;播音创作中的不良倾向等。

在播音创作的几个问题中,第一次提出怎样播的问题(播音方法问题),把过去讲的播音三要素(是什么?为什么?对谁播?)增加为四要素,四要素为:1.播给谁听?就是播音对象问题;2.播些什么?就是广播内容的问题;3.为什么播讲?就是播音的最高目的性的问题;4.怎样播讲?就是播音技术的问题。

这次大会是一次学习和研究的大会。其主要成绩在于:(一)对播音工作的重要性,包括性质、地位、作用,有了明确的认识,从而清除了全国解放初期轻视播音工作的错误认识,使播音员安心工作,稳定了专业思想,为以后播音队伍的建设打下了思想基础。五六十年代成长起来的播音员,绝大多数都有较强的事业心和严肃认真的工作态度,这是与对播音工作的正确认识分不开的。(二)学习了苏联播音工作经验和许多专家学者的报告,在业务上是一次大学习、大提高。这种博采众长的方法丰富了播音的表达方法,对以后播音的业务学习,起到了一定的指导作用。(三)促进了各地播音组和播音员个人总结播音经验,为以后的播音理论建设积累了资料。

会议以后,各地代表回去都进行了传达,播音员的业务学习迅速开展起来。以中央台为例,当时请了北大教授林涛讲汉语语音知识;请中央戏剧学院教师讲发声课;电影演员讲表演技巧。组内也开展结合稿件播法的业务研究讨论会。各地电台也都根据自己的实际,开展各式各样的学习活动。

这一时期老播音员日趋成熟，他们不仅努力学习，钻研业务，而且把他们自己积累的宝贵经验，传给年轻一代。广播局和中央台领导同志都很重视播音工作，关心播音员生活。像梅益同志（当时中央广播事业局局长）1961年1月、2月和11月3次与中央台播音组谈话和写信谈播音工作问题，对播音的个性、播音风格多样化等问题都提出了具体的指示。同年9月梅益同志与江苏台同志座谈时，对江苏台播音的改革给予了肯定。

这一时期，播音员的工作和生活也一直得到了中央领导同志的关怀和重视。

50年代，每年的国庆节、五一节，播音员在天安门城楼广播庆祝大会实况，周总理经常去检查工作，十分关心播音员的工作和生活。播音员播音有时来不及吃午饭，他就让服务员给送来点心。"有一年，邓颖超同志很早就登上了天安门城楼，见到本台播音员就一一握手，问他们的姓名、家庭、工作和生活情况。邓大姐说：'去年，我闹病住进医院，不能看报，就天天听你们广播，对你们的声音都很熟悉。像我这样听你们广播的人很多，广播工作很重要，你们要努力做好这个工作。'邓大姐每次在人民大会堂开会，见到播音员，总是亲切地询问一些老播音员的情况。"①

1954年，中央台播音员在全国人大会议宣读宪法，周总理指示说："读的速度要慢点，声音收着点，因为下面坐着许多老先生，他们的心脏都不大好。"②

1959年，周总理视察广播大楼，来到机房，站在播音室的窗外，播音结束以后，周总理和播音员握手说："我来看看你们的工作，你们是不是紧张了？"他深情地对齐越等同志说："广播

---

① 杨兆麟等著《当礼炮响起的时候》，《中华英烈》编辑部编，宝文堂书店出版。
② 夏青谈话录。

大楼建成了，比起延安窑洞的条件好多了，你们要用延安精神做好工作。"周总理来到电视台一间播音室，发现椅子很高，就叫一个身材矮小的播音员坐上去，她的双脚沾不着地。总理对电视台的领导同志说："你们要他们工作，又不注意他们的劳动条件，这怎么行呢？要注意改善他们的工作环境。"[①]

有一次，周总理在首都体育馆看比赛，中央台播音员现场解说的声音很大，工作人员怕影响主席台，就叫播音员关上窗子，总理说："不要关，他们的房子很热，你看，他们一直在擦汗。"

在3年经济困难时期，周总理亲自批准给中央台、国际台播音员生活上的特殊照顾。

1959年，吴玉章同志参观广播大楼，和中央台播音员亲切见面。吴老说："播音工作是个重要的工作，把党的文件的精神，通过语言正确、生动地传达出去，会起很大的作用。"他勉励播音员要努力工作，努力学习马克思列宁主义，提高政治思想水平，要锻炼语言艺术技巧，爱护嗓子，注意休息。他还非常关心地询问过去陕北台老播音员的情况，嘱咐老播音员注意培养新生力量。

在领导的关怀和党组织的培养下，许多播音员在自己的岗位上做出了优异的成绩，受到听众称赞，也受到党和国家的表彰。一些播音员被授予"社会主义建设积极分子"、"三八红旗手"、"先进工作者"的光荣称号，有的还被选为中共党代表、全国人大代表、全国政协委员、全国青联委员、全国记协理事。

从1955年第一次全国播音业务学习会到1965年的10年是播音业务大提高，播音队伍成长的10年。虽受"左"倾路线干扰，几经曲折，还是取得了很大的成绩。

在这一时期各地播音部门都有严格健全的工作制度，有各种

---

① 杨兆麟等著《当礼炮响起的时候》，《中华英烈》编辑部编，宝文堂书店出版。

形式的业务学习。在这种形势下，播音质量有明显提高。例如中央台的新闻和较长篇幅的政论文章播音效果好，影响大。

在队伍建设方面，无论中央台和各个省台都培养出了不少受听众欢迎的播音员。例如中央台知名度高的有齐越、夏青。其他像潘捷、费寄平、林田、林如、葛兰、王欢，北京台的刘露、恒山，上海台的陈醇，天津台的关山等都在听众中有一定影响，其中除齐越同志来自解放区，其他均为50年代初培养出来的播音员。60年代初又有一批年轻的播音员脱颖而出。如方明、铁城、雅坤、徐曼、虹云、赵培、曹山等在10年动乱之前都已崭露才华。

在理论研究方面这一时期也取得了进展。"齐越的文章和讲话，特别是1962年在上海电台播音组座谈会上的发言，成为播音理论的奠基工作。"① 各地电台积极开展业务研究、交流，为播音理论的建立打下一定的基础。

1958年5月，我国第一座电视台——北京电视台开始试播。最早没有专职播音员，由中央台和北京市台播音员代播，不出图像。以后从中央台播音部调来沈力同志，才有了正式的专职电视播音员。沈力同志成为我国第一位电视播音员。60年代，赵忠祥被选到电视台，成为第一位电视男播音员。

为了适应广播电视发展对专门人才的需要，1954年我国建立了第一座培养广播专门人才的学校——北京广播学院。60年代初中央台播音部的马尔方和天津台播音组的徐恒同志调到学院，牵头筹建了播音专业。1963年正式招收播音专业学生，学制为3年。从此在我国有了培养播音人才的正规院校。

---

① 张颂：《播音语言通论》第28页，北京广播学院出版社1994年3月出版。

二、10年动乱期间的播音

正当人民播音事业向前发展之际，1966年5月，开始了史无前例的"文化大革命"。在这一特殊历史时期，播音事业同其他事业一样，遭到严重破坏。主要表现在：

（一）建国初期建立起来的播音队伍被打散了。许多老播音员和建国后成长起来的新一代优秀播音员，被扣以"反动权威"、"黑五类"、"修正主义苗子"等帽子，受到批判，调离播音岗位。"文革"初期各地方台都撤销自办节目，全天转播中央台节目，有的台播音员全部下放劳动。

（二）播音理论和业务建设遭破坏。在极"左"路线影响下，建国后初建立起的播音理论和积累的播音经验，统统被污蔑为修正主义黑货。由政治代替一切，所有播音理论学习、播音业务培训、播音语言基本训练都被迫停止、中断。

（三）优良传统被抛弃，播音风格遭扭曲。在极"左"路线的冲击下，延安、陕北和建国后播音方面的许多优良传统被抛弃，"高、平、空"的大喊大叫，充斥广播。

（四）否定选拔播音员的科学方法和培训方法，广播学院被迫停办。

虽然这一时期"左"的路线干扰，使队伍、理论、教学都遭到严重破坏。但还应看到，在周总理的关怀下，齐越等一些老播音员在"文革"后期被解放出来；在广大播音工作者的努力下，从基层选拔了一批播音员，填补了当时人员的空缺，使播音工作能延续下来。这些人有的今天已经成为骨干。一些老播音员和播音教育工作者，在受到批判时，仍顶着压力，暗自钻研播音业务，为后来播音理论的建立积累了材料。

三、改革开放新时期的播音

1976年10月,我们党粉碎了江青反革命集团。特别是党的十一届三中全会以后,人民播音事业进入了恢复、发展和创新的时期。

1981年8月,在北京召开了第二次播音经验交流会,着重讨论了新闻播音特点和当前新闻播音存在的主要问题。会议提出播音工作必须根据改革需要,勇于创新,探索新的播音方法。大会提出"大胆创新、百花齐放"的口号。会后,全国各地播音员贯彻会议精神,认真学习和实践,在播音业务和理论建设方面,都取得了可喜的成绩。

会后,北京广播学院张颂同志发表了《研究播音理论是一项紧迫的任务》[①]一文,构筑了播音理论研究的框架,促进了播音理论研究工作。之后的仅10余年中,便有一大批播音论著问世,比如《朗读学》(张颂著),《播音创作基础》(张颂著),《播音文体业务理论》(毕征主编),《播音导论》(李越著),《寄语青年播音员》、《献给祖国的声音》(齐越著),《播音风格探》(姚喜双著),《论播音艺术》(张颂、乔实著),《小说播讲艺术》(汪良著),《播音·朗诵·演播》(石雨著),《语言表达艺术》(姚喜双、罗奕),《语言发声原理 语言发声练习》(李钢、陈京生),《播音心理学》(祁芃著),《语言发声基础》(王璐、白龙著),《文艺作品演播》(罗莉著)等;还翻译了国外的播音论著,如《朗诵艺术》、《苏联功勋播音员》(齐越、崔玉陵译)等,还出版了《播音创作漫谈》1、2、3集。这些都使播音理论与业务的研究和探讨更加深入系统。尤其是《中国播音学》(张颂主编)的问世,标志着播音学的研究进入到了一个新阶段。

---

① 见《北京广播学院学报》1981年。

1987年，中国播音学研究会正式成立，齐越任名誉会长，夏青任会长，张颂、铁城、陈醇、关山等任副会长。创办了《播音界》为学会会刊。后改为播音学研委会。齐越逝世后，夏青任名誉会长、铁城任会长。现方明任会长。各省市、自治区之间，各城市电台、电视台之间，也纷纷成立了研究会和协作会。这都为促进播音理论建设和播音业务的开展创造了良好条件。

随着播音理论研究的不断深入、系统，播音实践园地里的百花也竞相开放。随着广播、电视节目形式的增多，播音创作的内容和形式也更加丰富。从"徐曼小姐"主持的"空中之友"节目开始的主持人播音，为播音创作的百花园又增加了一个新品种。在有稿播音的基础上，无稿播音的样式也越来越多。这些都不断地丰富着播音理论和播音创作实践的内容。

与此同时，播音学科的对外交流也不断扩大。在国际交流中，也更加显示出我国目前播音理论研究所处的领先地位。

播音专业的高等教育也得到了恢复和发展。北京广播学院1974年恢复办学，并招收了播音专业学生，学制两年。1977年改为四年制本科。80年代初由专业扩大为系。从中央台和地方台陆续调来一批中老播音员任教，师资队伍进一步加强，播音学有了自己的教授、副教授和一批讲师，并培养出了硕士研究生、研修生、第二学士学位生、本科生、专科生等一大批不同层次的播音高级专门人才。仅改革开放以来，就输送各类毕业生2000余人。其中敬一丹、罗京、李瑞英、方静等一批有影响的毕业生为电视播音作出了贡献。还成立了播音员节目主持人培训中心，培养轮训了几千名在职播音员。1986年，广播电影电视部又在杭州开办了浙江广播电视高等专科学校，开办了播音专业，已培养了多批播音专科毕业生。1996年，成立了播音主持艺术学院，张颂任院长。学院由播音系、播音主持艺术研究所、语言传播研究所、全国播音员、节目主持人培训交流中心、普通话水平测试中心等机构组成。播音高等教育事业和理论研究又迈上了一个新台阶。

目前，我国专职播音队伍已发展到两万余人，其中一大批同志都获得了专业职称。他们中有播音指导、主任播音员、一级播音员、二级播音员等，播音队伍的素质不断提高。在改革开放的今天，随着我国广播电视事业的飞速发展，播音学科、播音事业，这一年轻的学科和充满前途的事业，正以其独具的特色和优势，以其强大的生命力走向更加辉煌的明天！

第十二章　播音的继承借鉴与创新发展

播音的继承借鉴与创新发展，是播音自身矛盾运动的必然，是播音创作内部要素和外部要素相互作用的结果，是播音自身的发展规律之一。认识和研究这一规律，对于正确地把握播音继承借鉴和发展创新的关系，在迈向 21 世纪的征程上，促进播音事业健康发展，具有重要意义。

第一节　播音的继承与借鉴

一、继承借鉴的必然性

继承与借鉴是事物自身发展运动的必然。任何事物的发展运动都不可能从零开始，它是事物整个发展过程中的一部分或一个阶段，它的发展以事物上一个阶段的运动和发展为依托，是事物前一个阶段发展运动的继承，事物的发展有其延续性和承继性。任何事物的发展和运动都不是孤立进行的，是事物间相互作用的结果，事物间发展运动的规律有其联系性和共通性。继承和借鉴是事物发展运动规律的必然要求。

艺术发展规律也是如此。"每个时代都形成了与前代、后代不尽相同的自己时代的艺术。但是各个时代的艺术又不是孤立存在、互不相干的，它们之间有着千丝万缕的联系。前代的艺术，总是给后代的艺术以巨大影响；后代艺术又总是要继承前代艺术的成果。这就是艺术发展历史的继承性。由于这种历史继承性的存在，艺术的发展就有了自己的传统。"① "艺术发展为什么会有这种历史继承性呢？这是由艺术本身的性质决定了的。我们知道，艺术是人们对现实世界的一种认识结果（这种认识是一种特殊形式的认识），而人们对现实世界的认识是需要不断积累、不断深化才能完成的。每一时代的艺术是对当时现实的一种认识，它是在前代认识的基础上完成的，并为后代打下了继续认识的基础，还有待于后代不断地将这一认识加以深化。这种对生活认识的不断积累、深化，在艺术发展过程中，则表现为对遗产的继承。每一时代的艺术遗产，实际上是作为当时艺术家对现实进行审美认识的结果而留给后代的，而后代艺术家们则在这一认识结果的基础上继续进行深化。……艺术要求人们把对生活的认识用艺术的形式表现出来。这种对表现生活的形式的认识，也是需要不断地积累和深化才能逐步完成的。"② "艺术发展的历史继承性是艺术发展的一条重要规律"③，艺术之间的相互借鉴，"各民族艺术在相互交流、相互影响的情况下不断向前发展，这也是一条规律"④。"各民族的艺术都或多或少地受到其他民族艺术的影响。一个民族的艺术要向前发展，还要借鉴其他民族艺术中的好的东西。"⑤

播音，作为一门语言艺术，既具有上述艺术规律所规定的承继性和借鉴性，又具有语言本身承继性的要求。播音艺术很年轻，其自身的成长和发展需要利用艺术规律的相通性借鉴其他艺术及有关方面的优秀成果。播音作为一种语言文化现象，"在民族文化中，语言巨大的认识价值、应用价值、保留价值、哲学价

---

① 戴碧湘等编著《艺术概论》第252页，文化艺术出版社1983年2月出版。
② 戴碧湘等编著《艺术概论》第256页，文化艺术出版社1983年2月出版。
③ 戴碧湘等编著《艺术概论》第257页，文化艺术出版社1983年2月出版。
④ 戴碧湘等编著《艺术概论》第258页，文化艺术出版社1983年2月出版。
⑤ 戴碧湘等编著《艺术概论》第258页，文化艺术出版社1983年2月出版。

值、艺术价值、美学价值,是无与伦比的"①,需要植根民族文化的土壤,需要汲取语言艺术的精华。

播音继承借鉴的必然性,不光有外部条件的作用,更由于播音自身矛盾运动的结果。播音,虽然历史不是很长,但已经具有了自己的优秀传统、宝贵经验、鲜明的风格;播音艺术同其他艺术之间的相互联系、相互作用也越来越明显的表现出来。播音创作自身矛盾运动使其对继承和借鉴需求更为强烈,所以播音的继承借鉴是播音发展创新的必须,是播音自身矛盾运动的结果。

二、继承与借鉴的主要内容

播音继承与借鉴的内容应是多层次、多方面的。继承的内容包括优秀的传统、宝贵的经验、创作的方法,而优秀的传统里又可分为:民族文化传统、汉语语言传统、人民广播传统、播音创作传统等。借鉴的内容也是多方面的,可以有姊妹艺术的借鉴,其他语言表现手段的借鉴,不同学科之间的借鉴,不同民族和国外文化艺术广播电视播音主持艺术的借鉴,创作个体之间的相互学习与借鉴。

先看要继承的内容。

首先是优秀的传统。传统,在现代意义上,"是指历史沿传来的、具有一定特色的文化、思想、道德、风俗、心态、艺术、制度等,是一个外延最宽、反映客观事物最具一般规定性的概念。从民族学的意义上看,世界各个民族各有其传统。……这是一个复杂的整体,这种复杂性,表示着传统作为一种社会存在,具有多方面、多层次的复杂内容和关系网络。"②

播音创作的手段是语言。"语言是文化的一部分,要研究语

---

① 张颂:《播音语言通论》第 201 页,北京广播学院出版社 1994 年 3 月出版。
② 同①。

言的传统，不能不在文化传统的大背景下进行。文化，是人类在历史发展过程中创造的物质财富和精神财富的总和，一般专指精神财富。应包括各种文物、各种典章文献，各种基于社会心理的文学、艺术、各种教育和科学。……我们认识文化的传统，认识中国文化的传统，主要是认识我们民族的心态，进而了解我们的语言传统，并给予批判地继承。……我们民族的文化心态，特别重视'仁'，在自我修身养性中，加强道德观念；在讲求温柔敦厚的同时，强化群体意识；在不断融合西方文化的过程中，加强内省整体经验。……再说语言传统。我们民族的语言传统，十分强调'乐而不淫，哀而不伤'，外柔内刚，神摄意合，'不以规矩，不能成方圆'，削尽冗繁，辞约义半，意象组合，生动可感。"①

我们人民广播的传统可以简括为："在中国共产党的领导下，宣传马克思列宁主义、毛泽东思想，宣传党和政府的政策和法令，站在党性的立场上，积极反映一切为广大人民群众所关心的重大问题，准确、生动、及时地、多方面地报道、介绍人民的生产、生活情况，祖国的各项成就，以及国际时事、动态，语言通俗、简短，有趣味和具有吸引力，以各类节目，多种形式为全中国人民和全世界人民服务，并采取各种办法收集广大听众和观众的意见，尽量满足他们日益增长的需要。全体从业人员坚持党性原则，严格职业道德规范，发扬'延安精神'，提高新闻工作者的素质，加强思想、文化、业务基本功，努力提高节目质量和传播质量。"②

播音传统可以简括为："一、坚定的党性和党的政策的立场，

---

① 张颂：《播音语言通论》第22、23页，北京广播学院出版社1994年3月出版。

② 张颂：《播音语言通论》第26页，北京广播学院出版社1994年3月出版。

爱憎分明的饱满的感情和特有的新闻敏感;二、和人民群众息息相通,热爱他们,关注他们,急他们所急,想他们所想,努力融入播音创作中;经常深入生活,学习社会;三、苦练基本功,努力提高政治思想、科学文化、编播业务的水平;四、严肃认真、一丝不苟、兢兢业业、精益求精,发挥主动性、创造性,保证播出的高效率和高质量;五、团结协作,艰苦奋斗。"[1]

在播音创作优秀的传统和经验方面,老一代广播电视工作者给我留下了许多宝贵的经验,是我们的一笔巨大财富。著名播音艺术家齐越强烈的事业心,高度的使命感、责任感,在播音创作中所体现出来的憎爱分明的真挚感情,整体开放的创作心态,行云流水的审美追求,用生命播音的精神境界等等,这些无论在传统、经验、理论、实践等各个层面都是需要我们继承的重要内容。在谈到对事业的热爱时,齐越对青年朋友说:"小小话筒千钧重。它载负着党的重托,人民的信任。……党的教育策励着我,人民的胜利鼓舞着我,严格紧张的工作锤炼着我,促使我坚守自己的岗位。每次话筒前播音,我总感到幸福,一种说不出的内心幸福。"[2] "有人说,'播音员嘛,不过是读别人写的稿子,是个传声筒而已。'……是的,我是个播音员。世界上有各种各样的播音员,我是中国人民的播音员,中国共产党的播音员,我以此引为自豪。……是的,我读的是别人写的稿子。解放战争年代,我播读过毛主席、周副主席、朱总司令等撰写或修改的广播稿和捷报;建国后,我读的也大量是别人写的稿子,自己写的不过是有限的几篇。这些稿件内容反映的是我国人民在党的领导下走社会主义道路、建设祖国、保卫祖国的英雄业绩,我为此感到

---

[1] 张颂:《播音语言通论》第26、27页,北京广播学院出版社1994年3月出版。

[2] 齐越:《献给祖国的声音》第79页,中国广播电视出版社1991年1月出版。

自豪。……是的，我是个传声筒。我传的是中国人民战胜艰难险阻、走向胜利的声音；我传的是人民和党政治上和谐一致的声音；我传的是中国共产党堂堂正正的真理之声。做这样的传声筒，我感到无比幸福和自豪！……我的命运和中国人民、中国共产党、中华人民共和国的命运紧密地联系在一起，这就是我引以自豪的原因。如果我的一生能从头开始，让我重新选择职业的话，我还要选择做中国人民的播音员，做中国共产党的传声筒。"[①]"青年朋友们！珍惜这个岗位吧！热爱这项事业吧！我相信，你们也会感到话筒前工作是无比幸福的。永远保持这种幸福感，它将赋予你的播音以饱满的激情。"[②] 在播音创作方面，齐越认为，播音员首先是党的新闻工作者，然后才是语言艺术工作者。主张播音员要坚持播音创作中的党性原则，想党所想，急党所急；既要学习宣传党的方针政策，又要身体力行。宣传别人做到的，自己也要努力去做，宣传要别人不做的，自己也坚决不做；心口如一，言行一致，不能说的是"一朵花"，做的是"豆腐渣"。作为党的宣传员，要深入生活，拜人民为师，不断改造思想，增强无产阶级感情。要爱人民所爱，憎人民所憎，和人民群众同呼吸、共命运。在播音工作的属性上，齐越还认为，播音是一项创造性劳动。播音员将别人写的稿子变成自己想要说的话，把文字作品转变为有声语言，不是照字读音的简单过程，而是比较复杂的再创作过程。这个过程就是：深入理解——具体感受——形之于声——通过话筒——及于听众。这就是说，播音员要具备理解感受稿件的能力、有声语言的表达能力、话筒前工作的能力、联系听众了解听众的能力。这些技能的获得，需要付出

---

① 齐越：《献给祖国的声音》第182、183页，中国广播电视出版社1991年1月出版。

② 齐越：《献给祖国的声音》第79页，中国广播电视出版社1991年1月出版。

第十二章 播音的继承借鉴与创新发展

艰苦的劳动，需要长期的认真实践和学习。这是播音再创作的基础，在日常工作中，广播节目稿件多种多样，各有各的特点。内容不同，形式、风格不同，对象不同，要求播音员形之于声的表现方式也有所不同。这就要从稿件出发，对具体稿件进行反复具体地分析，才能找到切合稿件内容和形式的表现方法。播音的创造性就在这里。没有分析，就没有区别，就没有创造。播音员对稿件的分析理解要在限定的短时间内进行，是一种紧张的思维活动，需要动脑筋，用气力。齐越的播音创作原则是："我是党的新闻工作者，要站在党性和党的政策立场，从稿件的内容和形式出发，联系当前形势和人民群众的思想实际，对于具体稿件作具体分析；从对稿件的深刻理解和真实感受中把握主题思想，明确宣传目的，引发态度感情，贯穿全篇播音。同时，十分贴切地运用有声语言技巧表情达意，和听众进行感情交流，力求情、意、声的精神实质，达到预期的宣传目的。"[①] 齐越在论述他的创作原则时指出，党性和党的政策的立场，统帅播音创作的全过程。从稿件的内容和形式看，就是既要分析稿件的思想内容，又要研究稿件的体裁、风格和表现形式。情、意、声的和谐统一，就要在达意的基础上表情，从表情中明意，达到情真意切，情意浑然一体。准确，鲜明，生动这三者，准确是第一位的。在播音创作中，在处理播音员与稿件的关系上，齐越认为，稿件是播音创作的依据。他指出：播音工作和作品的改编或翻译、影视片的配音或解说等劳动一样，都属于再创作范畴。在创作过程中都要忠实于原作，受主客观条件的制约，有一定的局限性。这种局限性是和创造性相对而言的，正因为存在着局限性，才需要发挥创造性；没有局限性，也就无所谓创造性。从播音员与稿件的关系来看，稿件质量是第一位的。而一篇好稿子，一个好节目，能否取

---

① 齐越：《献给祖国的声音》第82页，中国广播电视出版社1991年1月出版。

得应有的宣传效果,往往要看播音员的创造性发挥得如何。播音员可能为稿件锦上添花,播得引人入胜;也可能将稿件播得支离破碎,听来索然无味。齐越讲,他是以稿件为师的。播先进人物的模范事迹,学习先进人物的思想品德。一般地说,播音员和稿件是有差距的,抱着向稿件学习的态度,可以缩小差距,深入稿件。播真人真事的稿子,不采用戏剧化的渲染、夸张的手法,以免破坏统一的基调,削弱真实感人的力量。忠于稿件,每次播音都要全神贯注,力求准确无误地高质量地播出。齐越认为,生活是创作的源泉。一个播音员如果没有生活的独特体验和感受,缺少对现实生活的真情实感,只简单地把文字变为声音,无论如何也不可能把稿件的精神实质、人物内心世界揭示出来。"当我的心和人民的心息息相通,和时代的脉搏一起跳动时,我的播音才有生命力;脱离人民群众的生活实践,我的播音就会变成无本之木,无源之水。"[1] 齐越认为,听众是良师益友。"播音员和听众的关系是什么呢?我是这样认识的:听众是我的宣传对象、服务对象,也是我的良师益友。我在播音中稍有懈怠或失误,他们立刻来信提醒我,给予热情的关怀或严肃的批评;我在播音中略有进步,他们又立即来信鼓励。在他们的帮助下,使我不断明确和解决思想、业务中的问题,坚定事业心,增强责任感。……听众来信是送上门来的老师。凡是听众寄给我的信,我都认真阅读,一一复信。只要有机会就登门拜访,当面求教。"[2] 齐越认为,编辑记者是不可缺少的合作者。一次广播节目的产生和播出,是编辑、记者、播音员、录音员、调度员、机务员等共同劳动的成

---

[1] 齐越:《献给祖国的声音》第86、87页,中国广播电视出版社1991年1月出版。

[2] 齐越:《献给祖国的声音》第87、88页,中国广播电视出版社1991年1月出版。

第十二章　播音的继承借鉴与创新发展

果。"我们播音员每天播出大量的各种各样的稿件，对每篇稿子都无师自通几乎是不可能的。在工作中我常告诫自己：不懂不要装懂，不懂就向编辑、记者和周围的同志虚心求教。尤其是播本台记者采写的稿子或录音报道，如果我没有随记者出去采访，在备稿时一定要请他谈谈采访心得和感受。通过间接体验，领会作者的创作意图。在录稿之前，我要听一听音响素材，搞清楚文字和音响的衔接，以求和谐一致。如果时间允许的话，还要给编辑、记者当面试播，请他们提意见。至于录音中随时得到录音员和监听编辑的帮助就更不用说了。在长期的播音实践中，我深深体会到编辑、记者、录音员等同志是我的老师，是工作中离不开的战友，是我的第一轮听众。没有他们的帮助与合作，播音创作是很难获得成功的。……青年朋友们，编播之间互知甘苦，彼此尊重，相互帮助，密切合作，是人民广播事业的好传统。进城以前，由于战争条件的限制，编辑部和播音组分隔两地，最远时相距几十里。但编播之间联系密切，播音员对稿件的意见，编辑对播音的意见，除随时互通电话告知外，每天还由送稿的通讯员传递信件。过去，编播之间山水相隔，联系尚且如此密切；现在，近在咫尺应该比那时候更密切合作才是。"[①] 齐越认为，爱憎分明的感情是他播音创作的核心。在 1949 年，党中央通报表扬陕北台：播音感情充沛，语调爱憎分明，生动有力。毛主席夸奖陕北台的播音员说：骂起敌人义正词严，讲到我们的胜利很能鼓舞人心。真是憎爱分明。这样的播音员要多培养几个。"有人说：'现在不是战争年代，新闻播音还有什么爱憎分明？'请问，难道只在战争年代敌我对峙时才有爱憎感情的表达吗？不，新闻不能没有阶级性。即使将来全世界消灭了阶级和战争，但只要社会上

[①] 齐越：《献给祖国的声音》第 88、89 页，中国广播电视出版社 1991 年 1 月出版。

还存在着真善美和假恶丑的对立,还存在着正确和错误的斗争,就有是非,就有爱憎,这是不以人的意识为转移的。"① "是非分明,敌我分明,爱憎分明,刚柔相济。我认为,这是构成人民广播播音风格的主要因素,核心是爱憎分明。丢掉了它,播音就失去了战斗力和生命力。我在播音创作中力求围绕'爱憎分明'这个核心进行。爱憎分明的感情,一是要真,二是要准。真,就是感情要真实。播音中只有动真情,才能引起听众的感情共鸣。……准,就是感情的表达要准确、掌握分寸。播音中爱憎分明的感情,是播音员的无产阶级党性在创作中的具体体现。它是由稿件内容和宣传对象引发出来的,受主题思想、宣传目的支配,受党的政策制约。感情的表达要恰如其分,符合党的政策原则,符合党的新闻工作者的身份,不能以个人的好恶代替党的政策。这种分寸感,对于播音创作的成败至关重要。"② 如何引发和调动感情?齐越认为,想象联想是引发感情的手段。"有的青年朋友来信问:播音中怎样引发感情?我的经验是:运用想象、联想作为手段来引发感情。想象……是人人都具有的一种心理能力。……在播音创作中,我运用想象、联想引发感情的程序是:在对稿件内容和宣传对象分析理解的基础上,沿着主题思想指引的方向,展开想象、联想去体验作者和作品中人物的思想感情,并设身处地为听众着想,从而产生内心的真实感受,引发出对稿件的积极态度,加深对稿件和对听众的理解,深化感情。而思想感情的深化,又可以使想象、联想更加活跃,形象更加鲜明,传达给听众的愿望更加迫切。没有想象联想在思维中展现,就不可能唤起相应的态度、感情。而没有鲜明的态度,真挚的感情,播音是

---

① 齐越:《献给祖国的声音》第51页,中国广播电视出版社1991年1月出版。
② 齐越:《献给祖国的声音》第90、91页,中国广播电视出版社1991年1月出版。

不可能感动和说服听众的。……在播音创作中，想象和联想常常结合在一起运用，互相补充，互相渗透，相辅相成。想象和联想是在人的劳动实践和社会实践活动中产生的。一个人的想象、联想的活动能力，和他的思想境界、文化教养、生活经验等密切有关。发展和丰富想象力，并非单纯的技巧锻炼。……不刻苦学习，不深入生活，……想象、联想必然贫乏。只有那些热爱生活、热爱人民，并善于从生活和人民中积累情绪记忆的，才可能获得丰富的想象力。"① 齐越讲，播音有三戒。一戒自我表现。我们的广播电台和资本主义国家的广播电台根本不同。资本主义国家的广播电台属于这个集团或那个财团，是为资本家服务的工具；我们的广播电台是党领导的，是党的工具，为人民服务的工具。我们播音员在党的培育下所掌握的全部技能都是为宣传党的政策，为人民服务的。在话筒前，切忌卖弄声音，炫耀技巧，追求自我表现，自我欣赏，这是和社会主义思想格格不入的。二戒随心所欲。做好播音工作，就要懂得它的性质、任务，搞清楚播音员和稿件、和听众、和其他有关方面的联系，掌握播音创作规律。自作聪明，随心所欲，凭主观随意性去播音，想不用力气就获得成功是不可能的。那只会受到客观规律的惩罚。三戒千篇一律。"在播音中不论什么样的节目，什么类型的稿件，都用一种固定不变的腔调，形成千篇一律，千人一腔，其原因是多方面的。我认为最主要的是在播音界流行多年至今仍有人追求的机械模仿造成的。人的嗓音各有差异，就像人的面一样，每个人各不相同。播音员善于发挥自己嗓音的优势，善于运用自己的语言，才能自如地表达稿件的思想感情。醉心于模仿别人的嗓音，形成一种人为的固定腔调，就像一条无形的锁链束缚播音员的创作个

---

① 齐越：《献给祖国的声音》第91、92、93页，中国广播电视出版社1991年1月出版。

性。模仿不能代替创造。模仿得再好,也不过是'像某某的声音'。播音要发展,借鉴是必不可少的。借鉴不是模仿,而是要经过取长补短,消化吸收,溶化在自己的创作中,并在实践中掌握它,发展它。青年朋友,这是实践,认识,再实践,再认识的过程,需要付出艰苦的创造性劳动,捷径是没有的。"[①] 齐越希望青年播音员要继承党的优良传统和作风,发扬延安精神,"延安精神就是党的优良传统和作风。概括地说,就是:坚定正确的政治方向,艰苦奋斗的工作作风"[②],勤奋学习,努力实践,争取成为党和人民需要的名播音员。名播音员越多,对党的广播事业的发展越有利。"成为名播音员,不是终点,是新的起点;是党向我们提出更高的标准,更严的要求;要求我们努力做出更大的成绩,不断攀登播音艺术的高峰。……青年朋友们,播音员修养的加强是没有尽头的,播音水平的提高是没有止境的。不要沉湎于一次的成功,也不要因一次的失败而灰心。播好一篇稿子或一个节目并不太难,难的是数十年如一日不断进取,精益求精,永远将高质量的精神产品奉献听众。如果你一时有些成绩,则贵在有自知之明;如果你处于逆境,则贵在坚韧不拔。满足现状,就意味着停滞或倒退。发扬延安精神,献身四化;勤学苦练,成为名家;锐意进取,力戒骄傲;善于创新、情声并茂。这就是我对青年播音员的希望和祝愿。"[③] 著名播音艺术家夏青说,播音员要力求做两个"三"。第一个"三",是指狭义备稿,即拿到稿件后,先粗看一遍,有一个总体的了解;再细看一遍,仔细深入地分析稿件内部各段落层次和句子之间的相互关系;最后再粗看

[①] 齐越:《献给祖国的声音》第93、94页,中国广播电视出版社1991年1月出版。

[②] 齐越:《献给祖国的声音》第94页,中国广播电视出版社1991年1月出版。

[③] 齐越:《献给祖国的声音》第95、96页,中国广播电视出版社1991年1月出版。

一遍，有一个整体把握，以至第二遍细分析后不至于"陷"进去。第二个"三"，是广义备稿，也是修养问题。即，读万卷书，行万里路，交一万个朋友。这实际上是培养学识，增加胆识，增长见识。是培养读书研究、调查实践、社会活动能力。齐越、夏青的宝贵经验，不光是他们个人的，它也是老一辈广播电视工作者共同实践的总结，集体智慧的结晶。

随着广播电视事业的发展，播音理论也经历了由萌芽、草创到形成的阶段。播音理论的传统可以概括为："一、广播电视播音员是党和政府的喉舌，广大人民群众的知心朋友，是以有声语言为主要手段在话筒前（包括摄像机镜头前）工作的新闻工作者；二、播音是一项创造性劳动，节目（或栏目）是播音创作的'舞台'，需要高度的创作觉悟、正确的创作道路、严肃的创作态度、饱满的创作热情、高超的表达技巧；三、播音语言不同于日常谈话，它上有规范性、庄重性、鼓动性、时代感、分寸感、亲切感的特点。在播音创作中，通过有稿播音锦上添花，无稿播音出口成章，达到以事醒人、以情感人、以理服人的效果；四、播音创作中，要遵循播音表达规律，以有声语言的多种样式表现丰富多彩、千变万化的语言内容，尽可能完美地符合稿件和节目（栏目）的体裁风格，满足受众的认识、审美需要；五、人民广播（包括电视）的播音风格是：爱憎分明、刚柔相济、严谨生动、亲切朴实。（爱憎分明：是指有声语言中要负载着丰富的思想感情，要鲜明地揭示出语言内容和精神实质。爱和憎应该是包含着不同色彩、不同级差的感情变化。任何节目，任何稿件，任何有声语言都存在着一定事理的是非，一定心态的褒贬。对先进的、正义的、美好的东西，对共产主义的最高理想，对全国人民的共同理想，对高尚的道德、情操、纪律，一定要满腔热情地去支持，去赞扬；对落后的、不义的、丑恶的东西，一定要旗帜鲜明地去反对、去批判，是非清楚，褒贬得当。刚柔相济：既是指气质上的刚正与柔情的结合,又是指声音上的高、强、快与低、弱、慢的对比变化。刚,包括气魄宏大、气势磅礴,也包括刚劲有力、尖锐泼辣,并非全是金刚怒目;柔,包括徐缓舒展、温和恬静,也包括细腻婉约、绮丽旖旎,不应是低声下气,故作媚态。严谨生动:体现了逻辑思维与形象思维在播音创作中相辅相成的紧密关系。严,就要有清晰的稿件脉络和目的贯穿线,就要有准确的逻辑感受,就要把握语言内容所包含的情理的内部联系。要言之有物,言之成理,句句表达都在情理之中。生动,就要有真切的形象感受,抓住形象动作线,把握语言内容的情理的个性特征,以一当十,触类旁通,技巧运用都在意料之外。这里,内容的完整性、目的的鲜明性、技巧的多样性、声音的丰富性,相互依存。严谨并非刻板,生动亦非做作。亲切朴实:主要指平易近人,真情实感。亲切,不应是为了取悦于听众,而矫揉造作、虚声嗲气,那样最终听众也不会感到亲切。亲切,应是平等、亲近、真挚、恰切。朴实,就是不要去粉饰、勿做作、有真意、无干扰。)……六、播音创作是一种个体劳动,但只有在群体中、集中群体智慧,才可能体现个体价值,发挥出个体的聪明才智。"[1]

在播音创作中,还有交流的传统。这里有创作主体与受众之间相互沟通、反馈;有创作主体之间的相互交流,等等。

再看借鉴的内容。

播音可借鉴的内容应该是多层次、多方面的。

播音是语言艺术,可以直接借鉴各门各类语言艺术。可以借鉴话剧、电影、曲艺、歌唱等各类语言声乐艺术的吐字发声、气息、共鸣情感体验、语言的表达技巧等。播音员还可以通过演

---

① 张颂:《播音语言通论》第29、30页,北京广播学院出版社1994年3月出版。

讲、朗诵锻炼和提高语言表达能力。齐越一直主张播音员应经常和演员同台朗诵，学习和借鉴他们的经验。齐越说："播音员和演员同台朗诵，效果很好，我很支持这种方式。把播音和朗诵结合起来，这是我的一贯主张。播音员经常面对观众朗诵，可以锻炼语言功力，有助于播音业务的提高。……有些同志长期突不破播音腔，开了几次朗诵会，一下子就突破了。……通过参加朗诵会，我感到，我们播音员的语言功力在有些方面不如演员，声音送得不够远，声音的力度和弹性都比较弱。当然演员也有不尽如人意的地方，有的分寸不贴，表达过分夸张，使人感到不够真实。所以，播音和朗诵应该互相交融，播音员和演员要交朋友，互相学习，取长补短。50年代，我交了许多演员朋友，我们经常请董行佶、于是之、兰天野等到电台来，我们也去他们那里。……朗诵和播音，在同群众的交流方式上有不同之处。朗诵是面对观众进行交流，播音是坐在播音室里，看不见听众。但也有相同之处，那就是无论是坐在屋子里，还是面对观众，都要和你的听（观）众进行思想感情上的交流，都要动真心、动真情。这一点是相通的，也是根本的。"[1]

艺术在表达思想感情方面有许多共通之处。播音还可以借鉴音乐、绘画、舞蹈、电影、戏剧、雕塑等各种艺术表现手段，如主次的把握、节奏的变化、感情的表达、接受的规律等，以丰富自身的表现手法。

广播电视内部各行当之间也可以相互借鉴。如电视摄影中镜头表现手段的运用，已被借鉴到播音内部技巧"情景再现"的场景想象运用之中。如：想象是近景、远景、中景还是特写等，这些都可以直接作用于语气的变化。

---

[1] 齐越：《献给祖国的声音》第60、61页，中国广播电视出版社1991年1月出版。

播音创作个体之间、群体之间都可以相互学习和借鉴。比如，著名播音员虹云说，他学习了齐越的激情，学习了林如的含蓄，促进了她业务水平的提高。各台之间播音员的相互交流学习，电台、电视台之间的相互交流学习，不同播音语种之间的相互借鉴，都有助于播音水平的提高。

借鉴国外有用的经验。50年代，学习苏联的经验。齐越随中国广播代表团访苏，之后费寄平、林如等一批播音员赴苏工作。翻译出版了介绍苏联播音朗诵经验的书籍。研究借鉴了斯坦尼理论和苏联播音经验中有用的东西，促进了播音业务研究。改革开放后，随着国际交往的增多，也开始研究借鉴其他国家和地区播音业务方面有用的东西。比如语言传播规律，受众接受心理等。

三、继承和借鉴的正确方法

毛泽东同志指出："我们绝不可拒绝继承和借鉴古人和外国人，哪怕是封建阶级和资产阶级的东西。但是继承和借鉴决不可以变成替代自己的创造，这是决不能替代的。文学艺术中对于古人和外国人的毫无批判的硬搬和模仿，乃是最没有出息的最害人的文学教条主义和艺术教条主义。"[①] 播音的继承和借鉴的正确方法也应是如此。播音的继承和借鉴既要看到矛盾的普遍性，又要看到矛盾的特殊性；既要学习别人的经验方法，更要为我所用，立足自身。继承借鉴的方法，应是科学的，分析的，而不是盲目的；应是全面的，而不是片面的；应是系统的，而不是孤立的；应是本质的，而不是表层的；应是发展的，而不是僵死的；应是创造的，而不是模仿的；应是连续的，而不是中断的。

继承首先应该是发现，是分析。就是看播音这一矛盾运动中

---

① 毛泽东《在延安文艺座谈会上的讲话》。

那些合规律的大大小小系统、要素以及促使这些系统要素合规律的运行的机制。继承是为了发展,把那些合乎规律带有本质意义、在未来发展富有生命力的东西继承下来。

继承应该是系统的。比如,我们继承优秀传统,优良传统是一个系统,它包括优秀的民族文化传统、语言传统、广播电视传统、播音创作传统等等各个方面、各个层次。我们不可能只是孤立地去看某一个层次、某一个方面。必须整体、综合考虑,才能准确认识和把握。比如我们分析和继承播音创作传统,不可能不涉及到我们的语言文化传统、政治工作传统等等。播音继承系统性的含义还在于,不光看到和把握各个要素、各个层次、各个方面,还要把握好它们之间的相互联系以及结构和联系方式,把握它们合规律运行时的机制。比如,我们继承优良的传统,一方面要把优良传统的各个方面,各个层面都关照到,一方面还要把握它们之间的相互联系、相互作用,以及相互联系的方式、相互作用的程度、所占比例的大小、运行最佳时的机制。比如,我们强调政治传统时,不能孤立地、片面地强调,还应该落实在播音中,党性应该体现在播音创作中,在强调落实语言传统时,也必须要由政治传统保障,才能真正落实于我们的播音创作。这才是真正的继承。

继承应该是发展的。继承本身不是目的,目的是为了发展。所以在继承时要把那些经过实践反复检验的富于生机和活力的系统和要素,以及调控这些系统和要素的良好的运行机制继承下来,因为它们合乎规律,最具生命力,同时,也要善于寻找和发现它们在新形势下的最佳态势,为它们创造良好的条件,使其生机活力有效地焕发出来。比如,与受众交流征得反馈意见,改进播音工作,是经过实践反复检验的提高播音质量良好的方式,也是播音创作中优良的传统之一。只要播音创造这一矛盾运动存在,与受众交流就存在,征得受众反馈的工作就要进行,所以这一传统是富有生命力的，应该很好的继承。同时还须为其运行创造新的条件，比如，与受众交流获得反馈的方式，过去是通过受众来信，深入生活，登门拜访等方式，现在可以采用更多的现代化的联系手段建立更为有效的机制完成。继承的发展性还体现在对过去已存在的、但长期以来未引起人们重视的好的要素、系统或机制，以及它们的萌芽的新的发现、挖掘和发展。比如，主持形式的萌芽，播音员参与采编工作，在我国并不是80年代从零开始，而是从人民广播诞生那天起，就已经有其萌芽存在了。夏青说，最初办《新闻和报纸摘要》节目，就是齐越带我们一起采访、编辑、播音，那时我们就采编播合一了。只是后来节目量大了，人员多了，分工也就越来越细了。这种参与采编播全过程的传统、经验应该发现挖掘，在发展中继承。

由于事物发展有时不可能是直线的，会有曲折和反复。播音继承有时也具有曲折和反复性。比如，延安陕北时期优良的播音传统，50年代和60年代初，被我们的播音工作者很好地继承了下来。而到了十年动乱期间，其优良传统又遭到了破坏。改革开放以后，这一传统又得到了恢复、继承和发扬。

借鉴应该是本质的。事物的种类是多样的，事物的规律是相通的；艺术的形式是多样的，艺术的本质是相通的。正是这种共通性的规律，使播音借鉴成为必要和可能。无论是时间艺术，如音乐等，还是空间艺术，如绘画、雕塑等；无论是独个艺术，还是综合艺术，如电影、戏剧；无论是传统艺术如京剧，还是现代艺术，其核心和本质，就是感情的传达，感情是其艺术符号结构的动力。借鉴，就是抓住其生发调动和传达感情的方式和手段。

借鉴应该比较鉴别，为我所用。齐越指出："吸收借鉴，要以我为主，为我所用。要了解自己的性格、形象特征。……了解人民的思想感情，民族的审美心理。……要勇于实践，勤于实践，善于实践，取人之长，补己之短，有所创新，有所突破，付出辛勤的汗水和艰苦的劳动，才能独辟蹊径，获得成功。"[1] 事物虽然有矛盾的普遍性，也有矛盾的特殊性；艺术有共通性，也有其独特性，失去了自身的特点，就失去生命。在借鉴中要为我所用，就要善于比较鉴别。

比较鉴别，要分清层次和主次。有些艺术门类的借鉴可以更直接一些，比如有关的语言艺术；有些可以间接一些，比如其他各类艺术。有些侧重于表现形式，有些偏重于情感的引发。有些侧重于用气发声，有些偏重于语言表达。

比较鉴别，要有批判扬弃，要加以改造。借鉴的东西是否适用于自己，要认真分析，要有批判扬弃（这里所说的批判，其核心就是扬弃），有些要加以改造，才能适用。比如，传统的评书、单弦演员吐字发音很见功力，在进行播音发声训练时可以借鉴。但不能照搬照抄，必须有批判和扬弃，加以改造，才能适用。其发音咬字虽见功力、有力度，但缺乏播音所要求的自然度、完全像评书、单弦演员那样发音，很难适用于新闻播音语言要清晰明快、流畅自然的要求。所以，在学习借鉴时，既学习它吐字归音到家、有力度的一面，又要抛弃它过于夸张、缺乏自然的一面。

学习国外的表演理论、播音经验，都要为我所用，适合我国的国情，适合我们民族的风格和本人的特点。学习借鉴斯坦尼的"内心体验"，应该注意到表现手段的加强。学习国外的播音经验，也应加以分析比较批判扬弃。在学习借鉴方面，中央人民广播电台著名播音员林如学习借鉴的方法给我们以很好的启示。林如之所以能形成自己的风格，是她在向别人学习时，学人之长、学人之本，批判扬弃，大胆创新，独辟蹊径，自己走路。林如1952年从事播音工作。经过两年的记录新闻播音实践后，1954年到莫斯科广播电台华语部播音。当时在苏联工作的中央人民广

---

[1] 齐越：《献给祖国的声音》第64页，中国广播电视出版社1991年1月出版。

播电台著名播音员费寄平帮助她学习播音业务，她同时也听苏联播音员托别士的课。托别士主张："播读稿件要朴实，要善于运用口语的表达方式，对所讲事物要有视像，和听众要有感情上的交流。"① "播读稿件的语气愈朴素、愈柔和、愈像说而不像念就愈好。"② 林如借鉴其口语的表达方法，但并没有停留于此。她抓住其经验中本质的东西，即交流、视像和谐统一，进行学习。苏联的东西并非都好，林如在学习中不断地加以扬弃改造。比如为电影、戏剧或舞剧解说，苏联播音员主张"旁白"，要求客观，不要参入自己的情感，以免干扰电影、戏剧、舞剧的主要内容。林如认为，其中"旁"可以借鉴，即把握解说者身份的分寸，不喧宾夺主。但"白"（指客观、不用感情）不可取。因为纯客观的解说，会使解说语言和电影、戏剧或舞剧的感情游离，语言给人以无精打采之感。所以，不能"白"，解说者感情表达必须和影片或戏剧、舞剧当时的感情内容情节和谐一致。这样才能达到最佳效果。林如跟费寄平学习播音业务，"费寄平的播音含蓄、深沉，感情往深里走"③，林如也喜欢含蓄、深沉的语言表达方式，但两个人的嗓音条件不同，费寄平的声音浑厚低沉，林如则是"小嗓门儿"，声音柔润甜美。林如向费寄平学习，没有从声音形式上模仿，而是学习其语言表达的根本，即"感情往深里走"。在声音上，她保持自己的嗓音本色。所以，今天林如含蓄的风格中能体现出清淡甜美的色彩。50年代末林如回国后，文艺播音取得了成绩，讲述性、抒情性的稿件和节目的播音也能很好的胜任。政治性强的稿件的播音成为她的一个难题。在这种情

---

① 【苏】托别士：《创造性地学习、工作》，林如译，见《播音业务参考资料·二》第55页。
② 同①。
③ 林如同作者谈话录。

况下,她借鉴别人的经验,结合自己的特点进行探索,也取得了突破。政治性文章要播得大度、有分量和气势,一般较适合浑厚有力量的男声表达。林如既是女声,又是"小嗓门儿",但她能够正确地分析自己的业务条件,扬长补短,另辟蹊径。她首先抓住体现"大度"的核心是政治气质问题,努力增强政治修养,提高政策水平。而在语言表达的用声上,仍保持"小嗓门儿",小音量和女性在语言表达中柔和的特点。她采取"把字的颗粒灌满,唇舌运动幅度和力度加大"的办法,利用话筒放大后,其小音量"小嗓门儿"同样能够播出政治文章所要求的分量和大度的气势,并又具有女声表达的特点。齐越的播音充满激情,林如说她向齐越学习播音主要是学习他的真和调动感情的手段,而在传情手段上又结合自己的特点,从而形成了她淡中传情的风格特点。从林如成功的经验中我们可以看到,学习、借鉴必须要结合自身特点,有所创新,才能成功。

第二节　播音的发展与创新

一、发展与创新的必然性

事物由于自身的矛盾运动以及外部条件的作用,总是在不断地发展变化。这是发展和创新的根本动因。艺术创作也是这样。"艺术的生命在于创造。如果在艺术领域中没有创新,没有发展,而是死抱住旧的东西不放,陈陈相因,艺术就失去了存在的价值。"[①] 虽然"艺术发展中的继承借鉴是十分重要的,但继承和借鉴都是手段而不是目的,其目的是为了艺术的发展。因此,就应该在批判地继承借鉴的基础上不断地革新创造;没有革新创

[①] 戴碧湘等编著《艺术概论》第271页,文化艺术出版社1983年2月出版。

造,就谈不到艺术的发展。"① "当然,在艺术发展的过程中,批判地继承借鉴和革新创造是密切地联系在一起的,二者缺一不可。继承借鉴是革新创造的基础和前提,而革新和创造,又正是对遗产的最好的继承。"②

播音艺术也是如此。播音创作自身的矛盾运动以及它所处的外部条件的不断发展变化,使其在继承借鉴的基础上不断地发展创新成为必然的规律。一部播音史,虽然还不长,但它已经反映出了其在继承借鉴的基础上不断发展创新的轨迹。

继承和借鉴是发展创新的基础,而正是发展创新,才使继承和借鉴变为现实。比如,在播音创作中关于稿件准备的问题,五六十年代,老一代播音在实践摸索总结了"播音四要素",即:是什么,为什么,对谁播,怎样播。这对把握备稿规律,提高播音创作水平起到了很重要的作用。随着事业的发展,认识的深化,现在又在此基础上提出了更为科学的"备稿六步"。即拿到一篇文字稿件后,具体准备分六步走:划分层次、提炼主题、联系背景、找出目的、分清主次、把握基调。这六步是在四要素基础上发展起来的,而正是这种发展,才使四要素核心内容的继承变为今天还在起作用的现实。

播音的发展创新,一方面是播音创作内部自身各要素的发展变化;一方面是由外部条件的发展变化。

比如,外部条件。由于时代的发展,当前世界、科技、经济、政治、文化都在不断进步,发生着日新月异的变化。这些变化也必然反映到播音创作中来,促使播音创作发展创新。

再比如,内部要素。比如创作主体职能的增强,创作依据形式的多样,创作环境不断地变化,创作手段不断地加强等,这些

---

① 戴碧湘等编著《艺术概论》第272页,文化艺术出版社1983年2月出版。
② 戴碧湘等编著《艺术概论》第273页,文化艺术出版社1983年2月出版。

都从播音创作内部运动中推进了播音的发展和创新。所以说,播音的发展创新具有其客观必然性。

二、发展与创新的含义

播音发展与创新,应该是积极培育、推动播音创作矛盾运动中那些合乎规律、代表未来、符合时代要求、富于生机和活力的因素和方面,并为其提供和选择向前运动的新形式、新角度、新手段、新方法。

播音的发展创新体现在播音事业的各个领域,播音创作的各个方面。它们既有内容的发展,又有形式的创新;既有理论的发展,又有实践的创新。它可以具体体现在稿件的准备、内容的感受、情感的调动、声音运用、语言的表达、节目的把握、副语言的运用;体现在创作方法、创作手段、创作环境、创作主体、创作依据、创作对象等各个方面;体现在队伍建设、体制建制、运行机制、人才培养、专业设置等各个方面。

三、发展与创新的正确方法

"要想在艺术上有所革新、有所创造,就需要艺术家有胆有识,既要敢于打破前人的框框,敢于标新立异,同时又要有知识,有眼光,善于把前人积累的知识'拿来',烂熟于心,变成自己的营养。凭空创造,无异于'沙上建塔',根本没有基础,结果只能是一无所获。"[①] 这里所说的有胆有识,就是说既要敢于创新,又要善于创新。关键是要掌握发展创新的正确方法。

播音的发展和创新不能从零开始,应该在继承的基础上进行,应该保持自身的性质。比如,在播音创作中稿件准备方式的发展,现在的"备稿六步",正是继承了过去"播音四要素",在

---

① 戴碧湘等编著《艺术概论》第273页,文化艺术出版社1983年2月出版。

"播音四要素"的基础上发展起来的,离开了"播音四要素",就不会有"备稿六步"。创新也是这样,创新应该注意保持事物自身的特点,保持其自身的质的规定。比如,电视专题片解说,可以由都是以第三人称解说的情况下,创造出以第一人称身份的解说,这样可以根据内容的需要,挖掘多种语言表达样式。但这种创新变化,仍然应是保持其专题片新闻语言的真实性,不能创成演员第一人称的配音(除专门为里边人物配音),如果是那样,就改变了专题片的新闻性了。

播音的发展与创新必须具备一定的专业知识储备和扎实的语言基本功。发展和创新应该在一定的基础上进行,自身必须具备一定的条件。一个气息还不通畅、科学的发声方法还没有掌握、普通话语音还不准确的人要想在普通话播音的语言表达样式上创新是难以实现的。

播音的发展与创新应有科学态度,应该遵守其创作规律和创作原则。播音创作有其自身的规定性、语言表达和副语言体现也有自身的规律性。发展和创新并不等于盲目求异,而是寻找把握这些规律的新角度、新手段、新方法,其目的是为了更好地运用这些规律,而不是抛开这些规律。

播音创作规律认识和把握过程,是一个长期艰苦的过程,一个由实践到认识、由认识到实践,多次的反复,才能够相对完成的过程,有时也是一个曲折反复的过程。所以播音的发展与创新也是一个要付出艰辛探索、艰苦劳动、反复实践才能够相对完成的过程。立志发展创新者,必须要有充分的吃苦的思想准备。

播音发展创新,必须不断地寻找播音矛盾运动中富有生命力的要素,不断地为这些要素的生成创造新的天地。这创造有两方面含义,一个是开辟、一个是挖掘。比如,语言的把握,由于现代科技的发展,传播工具的进步,语言与机器的结合更为紧密,应该不断寻求开辟新的表达方式,同时也需要挖掘语言的多种性能，为适合机器识别和传送，挖掘其规范性的要求，使其更为规范；为不可被机器代替的功能的增强，进一步挖掘和培育其传情和审美的功能，使其更为完美。新生要素不断地、无限地增长，决定了播音发展和创新永无止境。

发展和创新，还要注意符合我国国情，适应我们民族的审美心理，结合自身的条件。

第三节　未来播音的展望

播音，随着时代的发展而发展。这种发展一方面是外部条件的不断改变，一方面是播音自身的矛盾运动。展望未来，也应该从上述两方面着眼。纵观播音发展的历史，联系其它事物发展的规律，对播音的未来，可以有这样一个基本估价：变与不变，变中有不变，不变中有变，未来的播音，是变与不变各要素、系统、运行机制的统一。具体来讲，就是播音创作的外部条件不断变化，播音创作内部要素不断优化，就这一点来讲是"变"；尽管外部条件和内部要素都在不同程度地发生着变化，但是播音创作矛盾运动的基本性质没有变，从这一点来说是"不变"。我们未来的工作，就是要主动适应变化的条件，科学地把握矛盾的性质和基本规律，优化各个系统、要素、机制，使"变"与"不变"有机地统一。

一、影响未来播音创作的主要因素

人类进入 21 世纪，播音创作也随之跨入了 21 世纪。影响未来播音创作的主要因素，一个是外部条件的变化，一个是内部要素的优化。

时代的发展，科技的进步，经济、政治、文化、艺术、思想观念上的变革，信息社会的形成，知识经济的到来，等等，这些一方面形成了促使播音创作发生变化的外部条件，一方面也为播音表达提供了无限鲜活丰富的内容。条件的变化，内容的更新，促进播音创作自身条件的变化，内容的更新，促进播音创作自身各要素也在不断地优化。当然这种优化的实现，最终还要播音创作内部动因起作用。

具体讲，科技进步落实在传播上，导致传播工具的更新、传播条件的改善、传播方式的变革。就播音创作的环境、工具来看，单一线性传送变为多媒传受；模拟技术变为数字技术；录音调音台变为音频工作站；实景录像棚变为模拟演播馆，等等。现代社会发展，使得信息数量增大，传播频率加快，直播节目增多。传播集团化，节目中心制；信息来源丰富，受众更加主动，这一切都在影响未来播音创作的样态。

二、未来播音创作的基本特征

在外部条件的作用下，在内部矛盾运动的推动下，未来播音创作的基本特征是：变与不变的统一。

外部条件不断发生变化，内部要素也在不断优化，但播音的基本性质没有变，播音创作基本矛盾还存在，而且在新形势下向着更高的层次、更广的范围发展运动。

创作主体，知识结构加大，技术含量增多，素质能力增强。由于卫星上网传播，广播电视集成，音频工作站的设立，模拟演播馆的使用，形象设计技术含量增多，科学化程度提高等，使各台的播音员，不分广播电视、不分大台小台，同站在一个起跑线上，就看其自身的素质能力和语言功力。创作主体具有多种功能，以播为主，采访编辑兼做；以节目为单元，广播电视兼播。

在上述新的变化中，创作主体的创作主导地位没有变，依然是播音创作矛盾运动的主要方面。创作主体作为党的宣传员、新闻工作者的身份没有变。创作主体运用规范化语言及副语言进行传播的手段没有变。尽管有数字机器参与，那只不过是语言的帮手、辅助而已，不能代替创作主体自身语言的传达。播音工作的性质没有变，播音的创造性在新的条件、新的形势下将更加充分地显示和发挥出来。

播音创作依据，稿件、音乐、画面、音响等要素，都在发生着不同层次的变化。如稿件形式的多样化，稿件体现形式的立体化，稿件有形和无形的弹性化；音乐、音响的电脑化、仿真化；画面图像的多维化、立体化等等。但是各种创作素材的创作依据地位没有变。

受众，在新形势下，素质日益提高，审美能力增强，加之接收的便利性，呈现出较强的主动性和选择性。但是受众的接收规律没有变，依然是物理——生理——心理的运动过程。民族审美心理没有变。受者的地位也不因其主动性增强而改变。

三、继往开来，迎接挑战

在即将迈进21世纪的时候，我们已经看到了未来播音的样态特征，如前面所概括的："变与不变的统一"。那些"变的因素"，给我们提出了挑战，同时又给我们提供了机遇和新的领域；那些"不变的因素"，为我们积累了经验，同时也给我们提出了在新形势下如何运用这些经验的新的挑战。可见，面向未来，迎面而来的挑战是多方面的、是客观存在、不依我们的主观愿望为转移的。我们只有勇敢地迎接挑战，在不断地解决新的课题中发展和前进。

在播音创作中，创作主体是矛盾的主要方面，这里提出挑战主要是针对创作主体而言。迎接挑战，就是要求创作主体能够做到适应、优化和统一。即主动适应外部条件的变化；优化内部要素的构成；使"变"与"不变"的因素在播音创作中有机地统一起来。使播音创作在新的天地里获得更大发展。

在时代的科技、经济、政治、文化促进传媒的发展和变革中，播音创作主体应进一步提高自身的政治文化素质，不断更新观念扩充现代知识结构，增强掌握和运用现代传媒手段和工具的能力，提高语言功力和语言表达水平。因为越是与机器结合，越要求语言的准确规范，提高运用变化了的创作素材进行播音创作的能力。进一步树立为受众服务意识，满足受众更多的信息需求和更高、更丰富的审美追求。科技的发展、传媒的进步，把广播和电视、中央台和地方台的播音员都推到了一个起跑线上，这对广大播音创作者是一个很好的机遇，一大批真正具有水平的创作者必将应运而生。他们以节目为单元，以播音为主业，做到既能播音，也会主持，既能干广播播音，又会电视播音，既能采访，也能编辑。成为高素质的播音工作的创造者，有声语言的传播者。

在未来发展的世界中，在不断变化的条件下，受众对有声语言的传播始终需求，播音创作的基本矛盾运动仍然存在。播音创作主体通过自身素质的提高，创作要素的优化，"变"与"不变"因素的有机统一，必将使播音创作进入更加广阔的天地！

主要参考书目

《中国广播电视学》　　　　　闫玉主编　中国广播电视出版社
《中外广播电视百科全书》　　赵玉明、王福顺主编
　　　　　　　　　　　　　　中国广播电视出版社
《中国播音学》　　　　　　　张颂主编　北京广播学院出版社
《献给祖国的声音》　　　　　齐越著　中国广播电视出版社
《播音风格探》　　　　　　　姚喜双著　中国文联出版公司
《播音语言通论》　　　　　　张颂著　北京广播学院出版社
《中央人民广播电台台史资料汇编》（内部资料）
《广播电视语言应用》　　　　牛印文等编著　四川辞书出版社
《领导者媒介形象设计》　　　龙永枢、杨伟光主编
　　　　　　　　　　　　　　社会科学文献出版社
《广播电视播音与节目主持人》李瑞英、刘连喜编著
　　　　　　　　　　　　　　辽宁人民出版社

后　记

　　本书的写作虽告一段落，但对《播音学概论》的研究仍将继续。在探索过程中，总有新发现、新问题有待于进一步研究，我仍将努力。

　　在此，对培养支持我的学院领导和老师，尤其是张颂老师作序鼓励；对学院出版社领导和同志们的支持，尤其是陈友军编辑、唐红梅、章振兰等同志所直接付出的辛勤劳动，一并表示衷心感谢！

作者

1998年5月

图书在版编目(CIP)数据

播音学概论/姚喜双著．--北京：北京广播学院出版社，
2000.8(2025.6 重印)
ISBN 978-7-81004-631-2

Ⅰ．播… Ⅱ．姚… Ⅲ．播音—概论 Ⅳ．G222

中国版本图书馆 CIP 数据核字(2000)第 66111 号

播音学概论
BOYINXUE GAILUN

著　　者	姚喜双
责任编辑	陈友军
装帧设计	东之杰广告公司
责任印制	李志鹏
出版发行	中国传媒大学出版社
社　　址	北京市朝阳区定福庄东街 1 号　　邮　编　100024
电　　话	86-10-65450528　65450532　　传　真　65779405
网　　址	http://cucp.cuc.edu.cn
经　　销	全国新华书店
印　　刷	三河市东方印刷有限公司
开　　本	850mm×1168mm　1/32
印　　张	8.125
字　　数	200 千字
版　　次	1998 年 5 月第 1 版
印　　次	2025 年 6 月第 26 次印刷
书　　号	ISBN 978-7-81004-631-2　　　　定　价　18.00 元

本社法律顾问：北京嘉润律师事务所　郭建平